Schach ist ein Spiel und somit eine grimmig ernste Sache. Denn damit sie funktioniert, müssen alle Regeln strikt befolgt und alle geistigen Kräfte aufs äußerste angespannt werden. Schach ist aber auch ein Sinnbild für die Welt, in der die Regeln mit Leidenschaft mißachtet und über den Haufen geworfen werden und die Anspannung der geistigen Kräfte zu wünschen übrig läßt.

Die Verbindungen zwischen den 64 und vielen anderen Feldern menschlichen Ehrgeizes und humaner Enttäuschungen hat Roswin Finkenzeller im *FAZ-Magazin* über Jahre hinweg geknüpft. Der Spezialist, der auf Bedeutungsfülle und Symbolgehalt keinen Wert legt und auch sonst wenig Spaß versteht, mag sich auf die Partien stürzen, die in branchenüblicher Geheimschrift notiert werden. Auch werden Rätsel, die längst gelöst sind, sich in der großen Schachwelt aber noch nicht herumgesprochen haben, erneut gestellt. Die Phantasie jedoch, durch dieses Spiel zu erregen wie durch kein zweites, springt in launiger, allgemeinverständlicher Prosa von den Geschöpfen aus Holz und Lack zu denen aus Fleisch und Blut.

Jedes der 73 Kapitel enthält entweder eine Partie oder die Bitte an den Leser, eine Aufgabe zu lösen. Was dabei herauskommen soll, steht auf den letzten Seiten des Buches.

insel taschenbuch 1088
Roswin Finkenzeller
Vom Schachspiel

insel taschenbuch 1088
Erste Auflage 1988
Originalausgabe
© Insel Verlag Frankfurt am Main 1988
Alle Rechte vorbehalten
Vertrieb durch den Suhrkamp Taschenbuch Verlag
Umschlag nach Entwürfen von Willy Fleckhaus
unter Verwendung eines Fotos von der
Schachweltmeisterschaft 1987 in Sevilla:
links A. Karpow, rechts G. Kasparow
Foto: Keystone, Hamburg
Satz: Fotosatz Otto Gutfreund, Darmstadt
Druck: Nomos Verlagsgesellschaft, Baden-Baden
Printed in Germany

1 2 3 4 5 6 – 93 92 91 90 89 88

Inhalt

III. Fachsimpeleien

IV. Schachweisheit – Lebensweisheit

Vorbemerkung

Alles, was auf dem, neben dem und im Zusammenhang mit dem Schachbrett geschieht, kann in schönem, schlichtem, schmukkem und scharfem Laiendeutsch ohne fachchinesische Einsprengsel wiedergegeben werden. Niemand soll im Lexikon nachschlagen, um ein Hauptwort, niemand einem Schachclub beitreten, um ein Tätigkeitswort, niemand von Jugend an spielen, um ein Eigenschaftswort gründlich zu verstehen. Viele Leser des »Frankfurter Allgemeine Magazin«, die das Schach zwar nicht enträtseln, wohl aber bewundern oder zumindest respektvoll betrachten wollen, haben sich ihm rein literarisch genähert. Manche entwickelten dabei eine spezielle Technik, die Prosa in sich aufzunehmen und den Rest, die Züge von Weiß und Schwarz, einfach zu übersehen.

Da dieser Rest für einige Kenner das A und O ist, für einige Aktive sogar eine Art Lebensinhalt, wurde er in der heute üblichen Art berücksichtigt. Die Kurznotation ist ziemlich lakonisch, was fachmännisch wirkt und Platz spart. Umstandskrämer schreiben nach wie vor 1.d2–d4. Tatsächlich genügt es jedoch, 1.d4 zu notieren – denn von woher sonst als von d2 sollte der betreffende Bauer angerückt sein? Auch bei den Bewegungen des Königs, der Dame und der beiden Läufer wird nur das Ziel bezeichnet, denn das Startloch ergibt sich aus der jeweiligen Stellung. Notationen brauchen nur eindeutig zu sein. Gerade deshalb aber muß, wenn ausnahmsweise einmal jeder der beiden Springer oder jeder der beiden Türme ein bestimmtes Feld erreichen könnte, auch der Ausgangspunkt angedeutet werden, wobei sich dann Kürzel wie S4g5 oder Tad8 ergeben mögen. Die Figuren, die Offiziere, werden mit ihrem Initial gekennzeichnet, die Bauern überhaupt nicht, vielleicht aus Geringschätzung, auf jeden Fall aus Tradition. Immerhin ist unsere Kurznotation noch nicht die denkbar kürzeste. Wo geschlagen wird, steht zu allem Überfluß ein Doppelpunkt, wo Schach geboten wird, aus purer Höflichkeit ein Kreuz.

Jedes Kapitelchen enthält entweder eine Partie oder die Bitte an den Leser, eine Aufgabe zu lösen. Was dabei herauskommen soll, steht auf den letzten Seiten. Allerdings orientieren sich nicht alle Fragen an der herkömmlichen Schacheckenpraxis, die nur die »zwingenden« Züge kennt, die Direttissima zum Matt. In der Wirklichkeit der Turniersäle geht es nämlich vor dem Mattangriff, sofern ein solcher zustande kommt, um Materialgewinne und Stellungsvorteile. Auch wollen Siege gewürdigt sein, die weniger durch die reine Vernunft als durch ein, zwei Fehler des Gegners ausgelöst wurden und trotzdem sehenswerte Siege waren.

I. Aus den Turniersälen

1. Jahrhundertpartie in Luzern

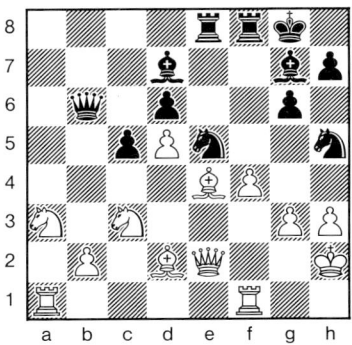

Schwarz am Zug

Es waren wundervolle Stunden. Die Zuschauer haben geschwitzt, gezittert und sich beim intellektuellen Nachvollzug fast um ihren Verstand gebracht. Der Teufel, war der Eindruck der Menschentraube, kann auch nicht schärfer kombinieren. Laß doch die professionellen Wasser-in-den-Wein-Gießer behaupten, die Aufregung sei überflüssig gewesen, die halbe Partie stehe in John Nunns Buch über die Benoni-Eröffnung, London 1982. Erlebnis bleibt Erlebnis. Jeder im Gedränge, ob er nun seinen Fuß auf dem des Nachbarn zur Linken oder in seiner Magengegend den Ellbogen des Nachbarn zur Rechten hatte, war der festen Meinung, Zeuge einer Jahrhundertpartie zu sein.

Wie allen ums Herz war, hat der Internationale Meister Jon Arnason zum Ausdruck gebracht: »Ich habe gesehen, was es zu sehen gibt. Nun kann ich aufhören, Schach zu spielen.«

Auf der Luzerner Olympiade war es die Begegnung des Gastlandes mit dem Favoriten, also der schweizerischen mit der sowjetischen Mannschaft, also Kortschnojs mit Karpow am ersten Brett. Karpow aber ließ sich durch Kasparow vertreten, den die Schweizer »Schachwoche« mit dem Satz zitierte: »I have much from god.« Die beiden illustren Gegner hatten sich noch nie gegenübergesessen.

Weiß: Kortschnoj, Schwarz: Kasparow – Benoni – 1. d4 Sf6, 2. c4 g6, 3. g3 Lg7, 4. Lg2 c5, 5. d5 d6, 6. Sc3 0-0, 7. Sf3 e6, 8. 0-0 ed5, 9. cd5 a6, 10. a4 Te8, 11. Sd2 Sbd7, 12. h3 Tb8, 13. Sc4 Se5, 14. Sa3 Sh5, 15. e4 Tf8, 16. Kh2 f5, 17. f4 b5, 18. ab5 ab5, 19. Sab5: fe4, 20. Le4: Ld7, 21. De2 Db6, 22. Sa3 Tbe8, 23. Ld2 (siehe Diagramm) Db2:, 24. fe5 Le5:, 25. Sc4 Sg3:, 26. Tf8: + Tf8:, 27. De1 Se4: +, 28. Kg2 Dc2, 29. Se5: Tf2 +, 30. Df2: Sf2:, 31. Ta2 Df5, 32. Sd7: Sd3, 33. Lh6 Dd7:, 34. Ta8 + Kf7, 35. Th8 Kf6, 36. Kf3 Dh3: + (Weiß gab auf).

Kortschnoj war in Zeitnot. Er hatte zu lange über der Eröffnung gebrütet. Kasparow aber hatte die Nunn Benoni studiert – mit welchem Erfolg, war schon 24 Stunden zuvor deutlich geworden, als er mit Weiß den für England spielenden Verfasser in einer Benoni-Variante schlug. Jetzt im 13. Zug am Scheideweg stehend (Sb6 oder Se5?), gedachte er des Hinweises »letzteres ist sicher unterhaltender« und zog Se5.

Eine schweißtreibende Unterhaltung. Die Zuschauer zerbrachen sich stundenlang den Kopf, ob der immerzu bedrohte Gaul geschlagen werden solle oder nicht. Hätten sie Nunn gelesen, hätten sie gewußt, daß Arnason, unser Aphoristiker, ebenfalls 1982 mit einem solchen geschlagenen Gaul schon eine Partie gewonnen hatte (19. fe5 Sg3: usw.). Hätte Kortschnoj Nunn gelesen, wäre er vielleicht dem Ratschlag 20. Sa7 gefolgt, dem letzten schriftlichen in diesem Abspiel.

Petra Leeuwerik, Kortschnojs ständige Begleiterin, grämte sich, daß die Partie (und somit Kasparow) unverzüglich in den Himmel gehoben wurde: »Viktor hätte Remis machen können. Das haben Sie doch auch gesehen! Warum sagt es dann niemand?« Tage später sagte es das Bulletin: 35. Se4.

Der Betrachter des Diagramms kann übrigens im Selbsttest ermitteln, ob er ein zweiter Kortschnoj oder ein zweiter Kasparow ist. Seinen schwersten Fehler (23. Ld2) beging Weiß, weil er dachte, der b-Bauer sei wegen 24. Tfb1 tabu. Jetzt nicht weiterlesen! Ko oder Ka? Des Rätsels Lösung: Nach 23. . . . Db2: wäre 24. Tfb1 wegen 24. . . . Sf3+ ein fürchterlicher Schlag ins Wasser gewesen.

2. Schachblind in Biel

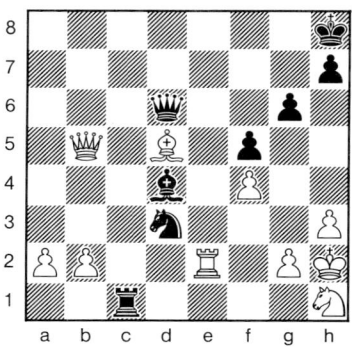

8 | 7 | 6 | 5 | 4 | 3 | 2 | 1

a b c d e f g h

Weiß am Zug

Armer schwarzer König. Die Leibgarde hatte sich davongemacht. Linien und Diagonalen standen dem Feinde offen. An jenem Sommertag des Jahres 1976 fanden im Bieler Kongreßhaus Hunderte von Schweizer Zuschauern die vierzügige Mattkombination heraus. Nur der deutsche Großmeister, der sie hätte vollziehen sollen, entdeckte sie nicht. Er war puterrot im Gesicht, sah vermutlich Gespenster und rieb mit beiden Händen den angestrengt denkenden Kopf.

Sein älterer Gegner aus der Sowjetunion stand einen Meter vom Brett entfernt, die Hände über dem Bauch gefaltet. Seine Situation war objektiv aussichtslos, seine Zeitnot fürchterlich, aber seine Gelassenheit ein Rätsel für die Kiebitze.

Alle stellten sich zwei Fragen: »Warum gibt er denn nicht auf?« Oder umgekehrt: »Wann macht er denn endlich matt?« Doch da bewahrheitete sich der Spruch, daß noch nie eine Partie durch Aufgeben gewonnen worden ist. In der beneidenswerten Diagrammstellung spielte Weiß nicht das Richtige, sondern 37. g3. Was hingegen haben sich die Schweizer ausgemalt? Welche vier Züge führen, von einem sinnlosen schwarzen Damenopfer abgesehen, zum Matt?

Glücklicher schwarzer König. »Hitchcockhaft« hat das Turnierbuch den verblüffenden Schluß genannt. Denn nach 37. g3 Sf4: 38. De8+ Kg7 39. Te7+ Kh6 40. Sf2 Lf2: 41. Th7: + Kg5 war der deutsche Großmeister nicht der Gewinner, sondern der Verlierer der Partie – und seine Weltmeisterschaftskandidatur konnte er auch an den Nagel hängen.

3. Zu schwach, zu stark in Havanna

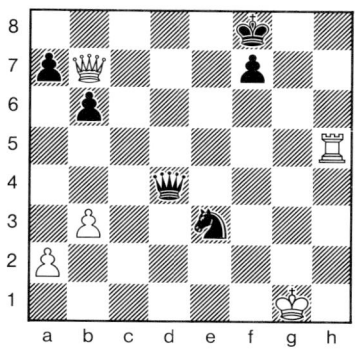

Weiß am Zug

Gründe sind wohlfeil. Wenn einer nicht mehr überzeugt, muß eben ein anderer herhalten, am besten der entgegengesetzte. Weltmeister Lasker wollte sich partout von Capablanca nicht herausfordern lassen, weshalb er frech behauptete: Der ist zu schwach für einen Titelkampf. Lasker hielt diese Behauptung zehn Jahre lang aufrecht – in der Zwischenzeit brachte die Menschheit den Ersten Weltkrieg hinter sich –, ließ sich dann aber von den Erfolgen des Kollegen belehren und erklärte: Der ist zu stark für einen Titelkampf. Um die mit einer Weltmeisterschaft verbundenen Scherereien wie Zittern, Zagen und Nachdenken zu vermeiden, wollte nun Lasker den Titel einfach abtreten,

mit ein paar netten Worten und guten Wünschen von Haus zu Haus. Anders als 1975 Karpow, der seinen kampflosen Sieg über Fischer wakker erduldete, bestand 1921 Capablanca auf der Erfüllung der Devise: Ohne Schweiß kein Preis.

Als dann in Havanna die ersten vier Partien remis endeten, meinten die Zuschauer: Ein entsetzlicher Wettkampf. Die beiden sind gleich stark. In der 5. Partie passierte der dringend erwartete Fehler. Lasker schob seinen schwarzen König von e7 nach f8 (siehe Diagramm). Das war's. Es mußte jetzt nur noch die (welche?) Konsequenz gezogen werden. Hat Lasker den nach Tartakower »historischen Fehler« absichtlich begangen, um recht zu bekommen? Nein, so sehr liebt kein Mensch seine eigene Meinung, vor allem dann nicht, wenn er sicher sein kann, daß sie sich ohnehin bewahrheitet. Capablanca gewann 4:0.

4. Ohnmächtig in München

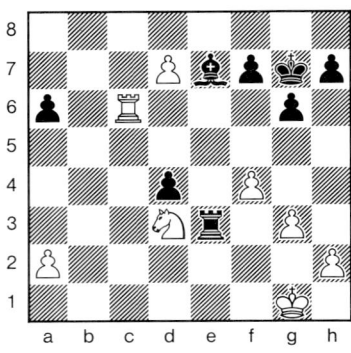

Weiß am Zug

Auf Niederlagen reagieren Schachspieler ganz unterschiedlich. Die einen wollen gute Verlierer sein und lächeln gequält. Die anderen stürzen sich in die Analyse und beweisen dem Gegner, daß sie um ein Haar gewonnen hätten. Wieder andere entfernen sich leise – niemand hat bemerkt, wie sie aus dem Saal geschlichen sind. Es kommt auch vor, daß einer seine Wut an einem Schuldlosen ausläßt: am Schiedsrichter, an einem Autogrammjäger oder an der Ehefrau. Daß aber einer ohnmächtig wird, ist ein Sonderfall. Ein solcher ereignete sich 1979 in München, als nebenan im Englischen Garten endlich der Schnee schmolz. In den ersten vier Runden hatte Andras Adorjan nicht besonders gut abgeschnitten, und nun zeigte auch sein fünfter Gegner, der mit Weiß spielende Ludek Pachman, sich von der erbarmungslosen Seite. Der Ungar, 29 Jahre alt, vertrat sich nach seinem 34. schwarzen Zug gerade ein wenig die Füße, da wurde ihm schwarz vor seinen Augen, die kurz zuvor auf die Diagrammstellung geblickt hatten und höchstwahrscheinlich bereits den drohenden 35. Zug von Weiß »sahen«. Pachman, der die Partie gewinnen und nicht abbrechen wollte, bestand darauf, daß Adorjan in Erwartung eben dieses vernichtenden Zuges zusammengeklappt sei. Eine Minute später bestätigte der von zwei Personen gestützte Verlierer die Diagnose durch ein Nicken seines blutleeren Kopfes. Adorjan meldete sich hierauf krank, und da sein Vorschlag, die nächsten Gegner im Hotelzimmer statt im Turniersaal zu empfangen, abgelehnt wurde, reiste er heim. Auch Weltmeister Karpow hat damals aus familiären Gründen München vorzeitig verlassen. Spassky, Andersson, Balaschow und Hübner gewannen punktgleich das Turnier.

Weiß: Pachman, Schwarz: Adorjan – Pirc-Verteidigung – 1. Sf3 g6 2. e4 Lg7 3. d4 d6 4. Sc3 Sf6 5. Le2 0-0 6. 0-0 Lg4 7. Le3 Sc6 8. Sd2 Le2: 9. De2: e5 10. d5 Sd4 11. Dd3 c6 12. Lg5 Dc7 13. Lf6: Lf6: 14. Sd1 cd5 15. c3 Se6 16. Dd5: Lg5 17. Sf3 Lh6 18. g3 Dc6 19. c4 Dd5: 20. ed5 Sd4 21. Sd4: ed4 22. f4 Tfc8 23. b3 a6 24. Sb2 b5 25. Tac1 Tab8 26. Sd3 bc4 27. Tc4: Tc4: 28. bc4 Lg7 29. Tc1 Lf6 30. c5 dc5 31. Tc5: Te8 32. Tc6 Kg7 33. d6 Te3 34. d7 Le7 (siehe Diagramm) 35. f5 (Schwarz gab auf).

Zweimal zog Schwarz Sd4. Das erste Mal (10. Zug) war ein gelungener Streich, den der anfangs im Blitztempo spielende Adorjan offenbar vorbereitet hatte. Das zweite Mal (20. Zug) war es der entscheidende strategische Fehler, denn für Schwarz sprang nur ein Freibauer heraus, der leicht zu blockieren war, für Weiß aber in der Folge einer, der sich kaum noch bremsen ließ. Aus einem etwas schwerblütigen Positionskampf hatte sich ein flotter Angriff entwickelt. Alle Theoretiker der Blockade, die das Roß für talentierter halten als den Läufer, dürfen sich geschmeichelt fühlen. Warum wirkte 35. f5 so umwerfend? Der erste Grund: 35 . . . Td3: 36. f6+ Lf6: 37. Tf6: und Weiß kriegt seine Dame. Der zweite Grund: 35 . . . gf5 36. Sf4 d3 37. Sh5+ und Schwarz kann ebenfalls einpacken.

5. Zwei Blicke in New York

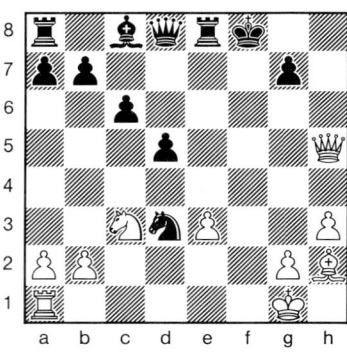

Weiß am Zug

José Raúl Capablanca wird der Meinung gewesen sein, ein kurzer Blick genüge. Denn wenn es nicht um die eigene, sondern um eine fremde Wurst geht, beweist der abgebrühte Meister seine Souveränität durch die Geschwindigkeit der Stellungsbeurteilung. Der Terminus »en passant«, der bis heute nur eine Möglichkeit des Bauernschlagens bezeichnet, könnte ohne weiteres auch auf die Schnellurteile der im Turniersaal herumspazierenden Kollegen übertragen werden.

Beim Kandidatenturnier New York 1927 hatte Milan Vidmar gerade mit seinem schwarzen Springer Alexander Aljechins weißen Läufer auf d3 geschlagen (siehe Diagramm), sich von seinem Platz erhoben und nach eigener Aussage »kaum drei Schritte« gemacht. Da flüsterte ihm Capablanca »Vous êtes perdu, n'est-ce pas?« ins Ohr. Aus dieser Frage sprach tiefes menschliches Mitgefühl, denn in seiner Konkurrenzsituation hätte der Kubaner eine Niederlage Aljechins besser gebrauchen können. Capablanca, über Aljechins rechte Schulter lugend, hatte gesehen, was der Nachspielende auch ohne diese Schulter sieht: Der schwarze König steht ziemlich im Freien. »Mais oui, mais oui«, bekräftigte der Augenzeuge, »votre position est terrible.«

Da sie aber Vidmar offenbar für gar nicht so terrible hielt und Aljechin wenig heiter wirkte, bequemte sich Capablanca zu einem etwas längeren Blick. Plötzlich sprang er zurück, legte beide Hände an den Kopf und hauchte zweimal: »Oh, mon dieu.« Capablanca war an diesem Tag bei besonders klarem Verstand, wie seine synchrone Partie gegen Spielmann beweist, die später preisgekrönt wurde. Was hatte sein scharfes Auge erspäht? Und was wäre diesem Auge beinahe entgangen? Und wie behalf sich Aljechin mit immerhin einem Turm weniger?

6. Sonnenblende in Belgrad

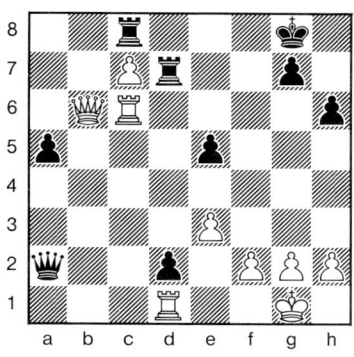

Weiß am Zug

Im allgemeinen sind Gegner reizende Menschen. Nur bei tiefster Versenkung in den überübernächsten Zug blasen sie, wenn nicht ohnehin Abstinenzler, dem Widersacher Zigarettenrauch ins Gesicht. Sie husten nur in Momenten, in denen jedermann husten würde. Sie halten die Spitze ihres Schuhs in schicklicher Entfernung vom Schienbein ihres Tischgenossen. Schlürfen sie den Kaffee, so haben sie ihn von Kindheit an geschlürft. Zuckungen und verwandte Wunderlichkeiten sind ohne taktische Bedeutung.

Der russische Bär, wie ihn westliche Medien nannten, war immer durch seine freundliche Zurückhaltung aufgefallen – bis er im Winter 1977/78 auf einen Konkurrenten stieß, der aus der Sowjetunion emigriert und somit von dieser zur schlechten Behandlung freigegeben war. Der als sympathisch gepriesene Bär setzte sich im geheizten Saal eine Wollmütze auf oder bekränzte seine Stirn mit einer Sonnenblende. Am Brett nahm er nicht zum Denken, sondern nur zum Ziehen Platz. Das Belgrader Publikum lachte, der Konkurrent kochte. Trotzdem galt der Russe auch weiterhin als sympathisch, weil einen guten Ruf loszuwerden fast so schwierig ist wie einen schlechten.

Die kleinen Gemeinheiten schlugen fehl, denn der Adressat gewann den Wettkampf auch im Zorn. Seine herausragende kombinatorische Leistung vollbrachte der Sieger in der 7. Partie, die ihn an den Rand eines Abgrunds führte. Nach 29 Zügen (siehe Diagramm) mußte Weiß die Variante 30. ... Da1 31. Ta1: d1D+ 32. Td1: Td1 matt immerhin im Hinterkopf haben. Oder sollte es gelingen, zuvor aus der Existenz des weißen Freibauern Honig zu saugen? Weiß zog bescheiden (wie?) und hatte entscheidenden Vorteil.

7. Partiegeflüster
in Hannover

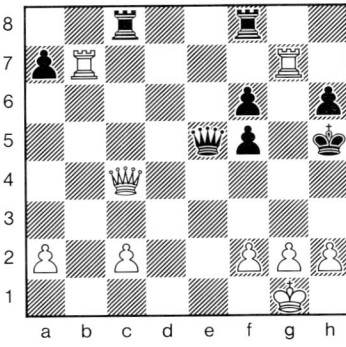

Schlußstellung

Erster Zuschauer: »Eine Kampf-
partie.«

Zweiter Zuschauer: »Ein einzi-
ger Bluff. Alles geschoben.«

Erster Zuschauer: »So etwas hat
Karpow nicht nötig. Er ist mindestens eine Klasse besser als Georgadse.«

Zweiter Zuschauer: »Auf der Ta-
belle war er dafür um einen halben
Punkt schlechter. Hätten jetzt in
der vorletzten Runde beide remi-
siert – ich behaupte ja nicht, daß
Georgadse hätte gewinnen können,
obwohl er das ganze Turnier über in
Extraform gewesen war –, bei einem Remis also hätte Karpow, um
den ersten Preis zu kriegen, in der
letzten Runde Bouaziz besiegen
müssen, während Georgadse dann
nichts anderes übrig geblieben wäre, als sich vom Osterhasen schlagen zu lassen.«

Erster Zuschauer: »Von wem?«

Zweiter Zuschauer: »Von Dr.
Ostermeyer. Alle sagen hier Osterhase. Ist sein Spitzname. Aber wie
gesagt, ein Remis wäre zu riskant
gewesen. Bouaziz ist zwar schwach
auf der Brust, aber ohne Garantie,
wie er ja dem Weltmeister prompt
einen halben Punkt abgeknöpft hat.
Andererseits konnte Karpow nicht
wissen, ob der Osterhase, ich meine
Dr. Ostermeyer, überhaupt Lust
haben werde, Georgadse anzugrei-

fen, ganz abgesehen davon, daß es für diesen eine Blamage gewesen wäre, ausgerechnet von jenem geschlagen zu werden.«

Erster Zuschauer: »Ich finde das widerlich.«

Zweiter Zuschauer: »Was? Die Schiebung?«

Erster Zuschauer: »Nein, die Rechnerei. Karpow hat nicht geschoben. Schließlich ist er Weltmeister.«

Zweiter Zuschauer: »Eben. Als solcher hat er öffentliche Verpflichtungen. Unmöglich: Karpow in Hannover auf dem 2. Platz! In Moskau hätten sie gesagt, das kommt davon, daß ihm seine Frau durchgebrannt ist und er das sogar gemerkt hat. Vielleicht hätte er gleich wieder heiraten müssen.«

Erster Zuschauer: »Für eine geschobene Partie war diese viel zu lang. Bedenke einmal:

Weiß: Karpow, Schwarz: Georgadse – Damengambit – 1. d4 Sf6 2. c4 e6 3. Sc3 d5 4. Sf3 Le7 5. Lg5 0-0 6. e3 h6 7. Lf6: Lf6: 8. Dd2 Sc6 9. Tc1 a6 10. Le2 dc4: 11. Lc4: e5 12. d5 Se7 13. Se4 Sf5 14. Le2 Sd6 15. Sf6:+ Df6: 16. 0-0 e4 17. Sd4 Te8 18. Tc7: Dg5 19. Tfc1 Lh3 20. Lf1 Lg4 21. Db4 Tad8 22. Db6 h5 23. a4 h4 24. T7c5 Df6 25. b4 Te5 26. h3 Lc8 27. b5 ab5: 28. Sb5: Kh7 29. Sd4 Tde8 30. T1c2 Tg5 31. Se6 Le6: 32. de6: Te6: 33. Tg5: Dg5: 34. Db4.«

Zweiter Zuschauer: »Hör auf. Die Partie hat 56 Züge und wird jetzt langweilig. Die Schlußstellung, in der Schwarz aufgab, zeigt das Diagramm.«

Erster Zuschauer: »Manchmal ist dem Weltmeister, zum Beispiel bei Betrachtung des h-Bauern, das Blut in die Wangen geschossen.«

Zweiter Zuschauer: »Während Georgadse aus lauter Langeweile mit seinen lustigen Augen Löcher in die Luft bohrte.«

Erster Zuschauer: »Schiebungen, sollten sie sich ausnahmsweise zutragen, gehören grundsätzlich der Geschichte an. Mindestalter zehn Jahre.«

Zweiter Zuschauer: »Hm, das stimmt. Und unsere Partie war erst im August 83.«

8. Herren und Damen am Wörthersee

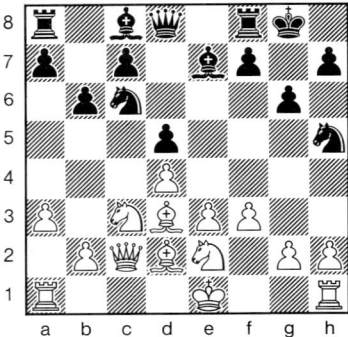

Weiß am Zug

In Velden spielten die Herren Hübner und Smyslow anfangs in Damengesellschaft. Jeweils hinter dem Rücken von Schwarz saßen Nana Ioseliani und Liu Shi Lan. Bei der Chinesin stand der Nachname vorne, einer internationalen Gepflogenheit gemäß, der auch in den Alpen entsprochen wird, wo etwa ein Fräulein Walburga Lindinger als Lindinger Burgl auftritt. Die beiden Kandidatenpaare, getrennt von Tisch und Brett, forderten zu Vergleichen zwischen Herren- und Damenschach heraus. Die meisten fielen zugunsten der Damen aus, doch darf niemand erwarten, die Herren würden sich hiervon beeindrucken lassen.

1. Nana und Shi Lan machten sich pünktlich an die Arbeit und waren mit dieser eher zu früh als zu spät fertig. Keine hatte, als es losgehen sollte, die Grippe, und keine hatte, als das Ende fällig war, Punktegleichheit mit der Gegnerin erzielt.

2. Shi Lan und Nana waren so unbedeutend, daß die hinter ihnen stehenden Weltmächte (Volksrepublik China und Sowjetunion) sich die Mühe sparten, am Wörthersee einen Stellvertreterkrieg auszutragen.

3. Obwohl Kollege Hübner auf die originelle, aber anfechtbare Idee gekommen war, sich während

einer Partie, stets um 18 Uhr, von einem Kärntner Masseur behandeln zu lassen, sahen die beiden Damen von der Forderung ab, zwischen 18.15 und 18.30 Uhr einem steirischen Frauenarzt Zutritt zu gewähren. Desungeachtet ist der Grundgedanke unseres Großmeisters: Wenn schon die Angehörigen anderer im Sitzen auszuübender Berufe vor Dienstschluß zum Doktor laufen dürfen, warum dann nicht die Schachspieler zu einem Therapeuten? durchaus entwicklungsfähig.

4. Obwohl sich über die Schönheit von Kombinationen ebenso streiten läßt wie über die Schönheit von Oberweiten, dachten die Damen doch flotter und ungenierter. Das Publikum könnte lange warten, bis ihm Männer vom Schlage Hübners und Smyslows eine Partie wie diese lieferten:

Weiß: Ioseliani, Schwarz: Liu – Nimzoindisch – 1. d4 Sf6 2. c4 e6 3. Sc3 Lb4 4. Ld2 b6 5. f3 Sc6 6. a3 Le7 7. e3 0-0 8. Ld3 d5 9. cd5: ed5: 10. Sge2 Sh5 11. Dc2 g6 (siehe Diagramm) 12. Sd5: Dd5: 13. Le4 Dg5 14. f4 Dh4+ 15. g3 Sd4: 16. Sd4: Sg3: 17. hg3: Dg3:+ 18. Kd1 Lg4+ 19. Kc1 Tae8 20. Kb1 Lf6 21. Ka2 Te4: 22. De4: Df2 23. Le1 (Schwarz gab auf, ohne von 23. ... Le6+ 24. Se6: Db2: zu träumen).

5. Ebenso wie Smyslow stellte Liu ihre Dame in der jeweils neunten Partie ein. Smyslow aber ließ das Publikum auf diesen attraktiven Fehler dreizehn Züge länger warten.

6. Liu ehrte Österreich, indem sie Franz Lehár bestätigte. Sie lächelte fast immer. Untalentierte Lächler wie Hübner, Smyslow und leider auch Ioseliani benötigen stets einen sogenannten Anlaß. Liu hingegen war von der Ankunft an bis zur Abfahrt die Freundlichkeit selber. Auch bei der Abschlußfeier lächelte sie, diesmal sogar nicht ohne Grund. Hätte sie nicht jene Partie und damit den Wettkampf verloren, wäre es an diesem Abend nicht zu einer hübschen Feier gekommen.

9. Kreidebleich in Sousse

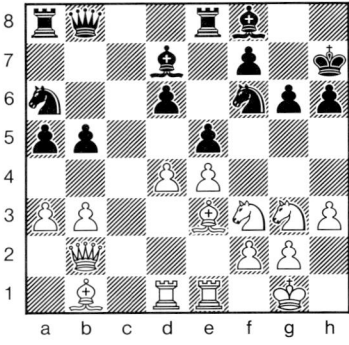

Weiß am Zug

Sam Reshevsky nahm hinter den schwarzen Steinen Platz, in der Hoffnung, sie nicht anrühren zu müssen. Denn das Reglement besagte, daß jeder siege, dessen Gegner nicht binnen einer Stunde zur Aufnahme der Partie erscheine.

Bobby Fischer, der Gegner, hatte sich als Angehöriger einer amerikanischen Sekte geweigert, am Sabbat, also samstags, harte Schacharbeit zu leisten, mochte es sich auch hundertmal um ein für ihn wichtiges Qualifikationsturnier handeln. Als die Organisatoren ihm entgegengekommen waren, beschwerte sich Fischer über eine Folge seiner Weigerung, über sein vergrößertes Pensum an den restlichen Tagen der Woche. Da die Organisatoren dies-

mal unerbittlich blieben, verließ Fischer den Turnierort Sousse und schmollte in Tunis.

Eine halbe Stunde war vorbei. Sam wußte, daß sein Gegner schon am gestrigen Tag eine Partie verschenkt hatte, wußte aber ebenso, daß eine offiziöse Person nach Tunis geeilt war, um den Favoriten des Turniers gnädig zu stimmen.

Sechs Minuten vor Ablauf der Stundenfrist tauchte Fischer auf, kreidebleich zwar, aber leibhaftig. Für Sam war das ein Schock, und zwar aus moralischen Gründen: Ist ein Großmeister mit 150 Minuten Bedenkzeit nicht verpflichtet, einen 94-Minuten-Gegner in Grund und Boden zu kombinieren? Unter der Last dieser Verantwortung beging Reshevsky den ersten Fehler. Er ließ sich auf eine geschlossene spanische Variante ein, deren erste achtzehn Züge Fischer im Schlafe hätte aufsagen können. Kurz darauf beging er mit 24. ... Kh7 (siehe Diagramm) den zweiten Fehler, der Weiß (wie?) einen Bauern und nach einem schwarzen Turmzug auch die Qualität einbrachte. Fischer gewann die Partie, was ihn nicht hinderte, sich mit den Organisatoren aus einem dritten Grund endgültig zu überwerfen und vorzeitig abzureisen.

10. Fern der Schulweisheit in Bled

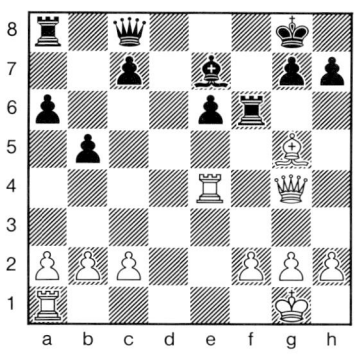

Schwarz am Zug

Es gibt den weißen, den schwarzen und den Remis-König. Unglückliche Remis-Könige wollen gewinnen, können aber nicht; glückliche wollen und können alles, nur nicht verlieren. Glückliche Remis-Könige sind bei ihren Gegnern unbeliebt, zumal bei den oberen Zehn der Weltelite, die es nicht leiden können, wenn ein Unebenbürtiger ebenbürtig Widerstand leistet.

An einen gefürchteten Remisierer unserer Zeit, einen Doktor iuris aus Dalmatien, trat 1961 der Versucher in Gestalt mehrerer Funktionäre heran und verlangte eine Gewinnpartie gegen Bobby Fischer. Der Angesprochene gab zu bedenken, daß er leider Schwarz haben werde und das transatlantische

Hochtalent kein heuriger Hase sei. Der Versucher blieb hartnäckig. Da fiel seinem in der Theorie bewanderten Opfer jener Ausweg ein, der vielen Verzweifelten einfällt: man könnte den Gegner in der Eröffnung hereinlegen.

1.e4 e5 2. Sf3 Sc6 3. Lb5 a6 4. La4 Sf6 5. 0-0 Se4: 6. d4 b5 7. Lb3 ed4 (ein schwacher, aber wenigstens ein ungewohnter Zug) 8. Te1 d5 9. Sc3 (ja, das geht) Le6 10. Se4: de4 11. Te4: Le7 12. Le6: fe6.

Die Bücher empfahlen damals die Fortsetzung 13. Te6:, was der zum Siegen Vergatterte als Fehler zu entlarven beabsichtigte. Jahre später äußerte er in knorrigem Deutsch voller Hochachtung für Fischer: »Ich dachte, err spillt wie Buch. Aber err hat nicht wie Buch gespillt. Err hat rrrichtik gespillt.«

Nach 13. Sd4: 0-0 14. Dg4 Sd4: 15. Td4: Dc8 16. Te4 Tf6 schöpfte Schwarz die letzte große Hoffnung. Die aber trog, denn Weiß spielte nach längerer Denkpause nicht wie auf dem Diagramm 17. Lg5 (warum nicht?), sondern 17. Le3 und gewann, wenn auch erst im 73. Zug.

11. Schlüsselzug
in Reykjavik

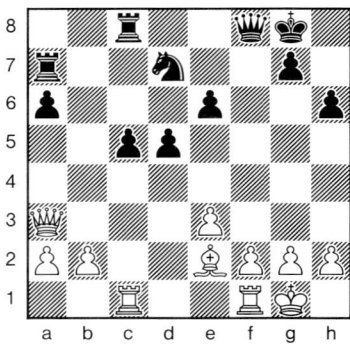

Weiß am Zug

Was war die Sensation von Reykjavik 1972? Daß der Wettkampf beinahe geplatzt wäre? Daß Bobby zur zweiten Partie nicht antrat? Daß im Spielsaal die sowjetischen Funktionäre nach einer US-Höllenmaschine suchten und nur zwei tote Fliegen fanden? Nein, die Sensation war, daß sich Robert James Fischer zum erstenmal in seinem Leben mit Weiß auf das Damengambit einließ. Im Publikum schied sich der Weizen von der Spreu: die Kenner riß es vom Stuhl, der Rest blieb sitzen. Eine deutsche Boulevardzeitung hörte die Botschaft, verstand sie aber nicht und meldete, Fischer habe »mit Damentrick« gewonnen. Das war, als hätte einer die Nachricht, Spasskys Bemühungen seien frucht-

los gewesen, zu dem Satz verdreht: Spassky spielte ohne Obst.

Spassky war auf ein solches Damengambit nicht vorbereitet und machte bald schwache Züge. Sein Sekundant Geller war durchaus vorbereitet, hatte jedoch mit der Sensation nicht gerechnet und es daher für überflüssig gehalten, seinen Schutzbefohlenen vor Fehlerquellen zu warnen. Fischer ahnte das und besaß die Frechheit, eine von Geller bis zum Tezett analysierte Variante zu wählen. Als im frühen Mittelspiel die Diagrammstellung erreicht war, geschah Fischers Schlüsselzug (welcher?). Ein Schlüsselzug ist kein perfekter Mord in zwei Zügen, hinter den in ein paar Minuten jeder kommt. Ein Schlüsselzug wie der gesuchte knackt lediglich die gegnerischen Sicherheitsschlösser. Schwarz hatte hierauf die Wahl zwischen Zerstörung seiner Bauernstruktur, Schwächung der weißen Felder (dies geschah) und dem geringsten Übel Sf6.

12. Als Fachmann in Skopje

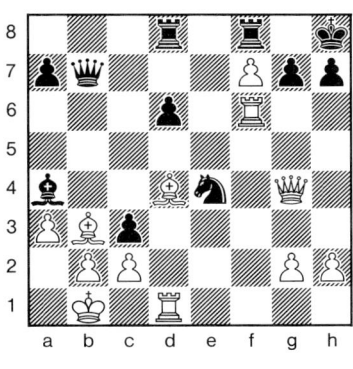

Schwarz am Zug

Auf der Suche nach unbekannten Objekten beäugten isländische Spezialisten die 105 Glasplatten jener imposanten Beleuchtungsanlage, die seit Wochen das gemeinsame Werk der Weltmeisterschaftskämpfer Fischer und Spassky erhellte. Der Befund war eindeutig. Höllenmaschine: keine. Tote Fliegen: zwei. Staub: ein bißchen. Von den beiden Stühlen amerikanischer Herkunft, die das Sitzfleisch je eines Spielers zu stützen hatten, fertigten andere Experten 18 Röntgenaufnahmen an. Befund: nicht einmal zwei tote Fliegen. Auch einem chemischen Test wurden die Sitzgelegenheiten unterzogen. Ergebnis: Den Forderungen Efim Gellers war Genüge getan.

Als Radiologe, Maschinenbauer oder Intrigant war Efim Geller damals, 1972, in Reykjavik nicht bekannt, nur als Großmeister und Sekundant Spasskys. Wie hatte ausgerechnet er auf die Idee kommen können, in der russischen und der englischen Fassung eines Beschwerdebriefes zu behaupten, Fischer bediene sich, um den Gegner zu zermürben, »elektronischer Hilfsmittel irgendwelcher Art«? Die plausible Antwort: Arbeitsteilung. Die sowjetischen Funktionäre formulierten, und Geller unterschrieb. Fünf Jahre zuvor hatte er in Skopje unter eine größere geistige Leistung seinen Wilhelm gemacht, unter die Notation einer Glanzpartie gegen den genannten Fischer. Siehe Diagramm. Geller zog (wie?) mit Schwarz, und Weiß gab (warum?) auf. In einem Anfall von Selbsterkenntnis zitierte Fischer den Merksatz Tarraschs, es genüge nicht, ein guter Spieler zu sein, man müsse auch gut spielen.

13. Kurzer Prozeß in Oberösterreich

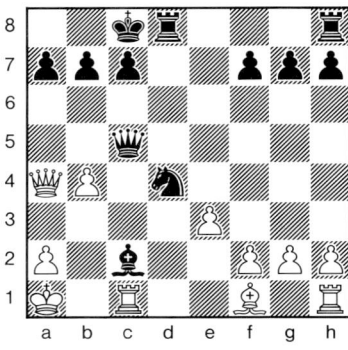

Schwarz am Zug

Mit der Mode sind die bedeutenden Schachspieler immer gegangen. 1910 mochte einer zwar demnächst verhungern, doch gekleidet war er tipptopp: Binder, Weste, Uhrkette, Bügelfalte, Gamaschen und über allem ein mit dem Lineal gezogener Scheitel. Unsere Bankdirektoren sahen nicht überzeugender aus. 1980 mochte einer demnächst in der Schweiz sein zweites Konto eröffnen, doch gekleidet war er überhaupt nicht, sondern hatte allenfalls was an: T-Shirt durchgeschwitzt, Jeans ausgefranst, Turnschuhe abgelatscht und über allem ein paar Bartstoppeln. Unsere Playboys sahen nicht überzeugender aus.

Zu Beginn der siebziger Jahre, als Bobby Fischer sein Außenseitertum durch die Bestellung von Maßanzügen dokumentierte, trug der modebewußte Jan Timman auf einem Wiener Turnier Schuhe mit geplatzten Nähten. Am anderen Ende des Körpers sah er besser aus: die plastischen Augäpfel und die Lokken links und rechts davon erinnerten an Botticelli. 1979, beim Interzonenturnier in Rio de Janeiro, erinnerten sie immer noch daran, doch waren jetzt die Nähte wieder in Ordnung. In seinem Hotel spielte er mit Schwarz. Vielleicht hing beides zusammen, denn Timman hatte eine afrikanische Lebensgefährtin zur Seite.

Hundert Meter von der Copacabana entfernt landete er auf dem vierten Platz und verfehlte somit um ein Haar die Kandidatenwürde. Damit begannen die möglicherweise schönsten Jahre seines Lebens. Der Verpflichtung enthoben, sich mit anderen Kandidaten herumzuschlagen, um spätestens gegen den entsetzlich bürgerlich auftretenden Karpow zu verlieren, brillierte Timman auf allen möglichen Turnieren und gefiel den Leuten immer besser. Zum Beispiel ereignete sich folgendes:

Weiß: Hölzl, Schwarz: Timman – Englisch – 1. c4 e5 2. d3 Sf6 3. Sf3 Sc6 4. Sc3 d5 5. Lg5 dc4 6. Da4 Ld7 7. Dc4: Le7 8. d4 Le6 9. Da4 ed4 10. 0-0-0 Sd5 11. Le7: De7: 12. Sd5: Dc5+ 13. Kb1 Ld5: 14. Sd4: Le4+ 15. Ka1 0-0-0 16. e3 Lc2 17. Tc1 Sd4: 18. b4 (siehe Diagramm) Dc3 matt.

Irgendwas muß er ja wohl falsch gemacht haben, der Hölzl Franz, wenn er zu seinem 19. Zug schon gar keine Gelegenheit mehr hatte. Sicher war es fad, wie der d-Bauer langsam in die Mitte gekrochen ist, und sicher war 18. b4 etwas, wozu die Kiebitze im oberösterreichischen Holzöster »Wahnsinn« sagten, doch war die Partie so und so verloren, wie denn auch Timman einer ist, der den Trost rechtfertigt:

»Was willst machen gegen den?«

Freilich muß jetzt unbedingt verschwiegen werden, daß Timman immer wieder reichlich Prügel bezogen hat. Kein Sterbenswörtchen soll verlauten über seinen 13., den vorletzten Platz in einem Turnier zu Wijk aan Zee. Sogar die Anmerkung, irgendwann habe jeder Meister seinen schwachen Monat, wird vorsichtshalber unterdrückt. Denn zu berücksichtigen ist dies: Die Leute brauchen eine Zukunftshoffnung und die Fachpresse braucht auch eine, und zwar zur Abwechslung eine aus dem Westen, denn die beweglichen Lettern schlafen ein, wenn sie zum 185. Mal den verheißungsvollen Aufstieg eines sowjetischen Spitzentalents bezeugen müssen. Jan ist Holländer und eventuell etwas solider gebaut als ein anderer Westler namens Hübner, der in Rio den Fehler begangen hat, Kandidat zu werden, mit dem Ergebnis, daß seine Landsleute jetzt ein wenig enttäuscht von ihm sind.

14. Turm Felix drei
in Wien

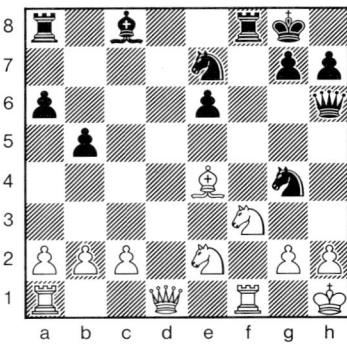

Schwarz am Zug

Der Onkel, viel Schaum um den Mund, spielte mit seinem Neffen eine Partie. Der Onkel blickte vernünftigerweise nicht aufs Brett, sondern in den Spiegel, denn es ist mißlich, sich beim Rasieren zu schneiden. Ganz der Entfernung seiner Bartstoppeln hingegeben, verständigte er sich mit seinem die Schachfiguren anstarrenden Gegner durch Zuruf und gewann beim After-shave.

Für das, was er tat, lautet der irreführende Fachausdruck »Blindspiel«. Der Onkel möchte namentlich nicht genannt sein. Er ist nämlich Großmeister und darf nur dann ein wenig stolz auf sich sein, wenn er einen wirklich hartgesottenen Brettbetrachter, noch besser zwei oder zehn auf einen Schlag, »blind« besiegt.

Einige Spieler stellen sich blind, andere sind es wirklich. Die wahrhaft Blinden sind organisiert, veranstalten Turniere und bringen ihre eigenen Weltmeister hervor. Zur Zeit hat den Titel Sergej Krylow inne, ein dreiunddreißigjähriger, seit seiner Kindheit des Augenlichts beraubter Russe.

Sofern sie auf die Gedächtnisakrobatik sehender Blindspieler geringen Wert legen, tasten die Blinden, auch im Turniersaal, mit behenden Fingerspitzen die Figuren ihres Steckschachs ab. Zu welchem Zug der Gegner sich durchgerungen hat, verkündet dieser mündlich, wobei Deutsch die internationale Verkehrssprache ist. Da aber, zumal in der Hitze des Gefechts, die Laute be, ce, de, e und ge akustisch schwer auseinanderzuhalten sind, von a und ha ganz zu schweigen, wurden Anna, Bella, Cäsar, David, Eva, Felix, Gustav und Hektor zu Elementen einer Blindenschachnomenklatur.

Mit »Eva vier« und »Cäsar fünf« setzten denn auch im Wiener Blindenturnier, November 1981, eine farbige, scharf pointierte Partie ein. Der Weltmeister gewann zwar nicht das Turnier – das besorgte der Jugoslawe Drgoljub Baretic –, wohl aber die Partie gegen Franz Hammermayer aus Österreich.

Weiß: Hammermayer, Schwarz: Krylow – Sizilianisch – 1. e4 c5 2. Sf3 e6 3. d4 cd4 4. Sd4: Sf6 5. Sc3 d6 6. Le3 a6 7. Ld3 Le7 8. 0-0 0-0 9. f4 Dc7 10. Kh1 Sc6 11. Sf3 b5 12. e5 de5 13. fe5 Sg4 14. Lf4 f5 15. ef6 Df4: 16. fe7 Se7: 17. Se2 Dh6 18. Le4 (siehe Diagramm) Lb7 19. Lb7: Tf3: 20. Dd6 Sf5 (Weiß gab auf).

Was Weiß lieber nicht hätte sagen sollen, war »Springer Eva zwei«. Denn nach dem Schlachtruf »Dame Hektor sechs« lag bereits die verletzende Äußerung »Turm Felix drei« in der Luft, dazu das vernichtende Urteil »Dame Hektor zwei«. Um sich so etwas nicht anhören zu müssen, befahl Weiß »Läufer Eva vier« mit dem drohenden Unterton »Dame David acht«. Schwarz aber gab dem Wortgefecht mit »Läufer Bella sieben« eine unerwartete Wendung, die den Gegner binnen kurzem sprachlos machte. Die letzte Demütigung »Springer Gustav drei« wollte sich Weiß ersparen.

15. Fünf Minuten
in Würzburg

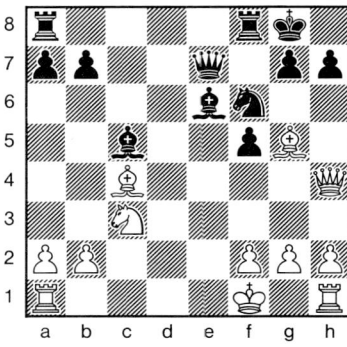

Weiß am Zug

Es ist ja überhaupt nicht wahr, daß die Schnecken lebhafter sind als die Schachspieler. Wohl wäre mancher Kunstmaler froh, wenn sein Modell, der Großindustrielle, so stillsäße wie der Großmeister bei der Schwerarbeit. Doch wenn geblitzt wird, geraten die Gelenke in Bewegung. Die meisten Schachspieler blitzen gern, teils zum Zeitvertreib und dann dreißig- oder vierzigmal hintereinander, damit genügend Zeit vertrieben werde, teils zur Förderung ihrer Schlagfertigkeit, denn anders als bei intellektuell anspruchsvollen Wortwechseln wird im Schach tatsächlich geschlagen.

Die Bedenkzeit beträgt fünf Minuten, und wer sie, ohne den Gegner mattgesetzt zu haben, zuerst überschreitet, hat verloren, seine Stellung sei so gut, seine materielle Überlegenheit so erdrückend wie auch immer.

Die Blitze ohne Donner verpflichten den Teilnehmer zu einer hektischen, zuckenden Gestik. Der (bei Rechtshändern) rechte Arm schnellt vor, die Finger schubsen einen Stein von da nach dort und stoßen hinüber zur Schachuhr, die mit einem barbarischen, weil raschen Hieb gedrückt wird. Ein gerade blitzender Club hört sich an, als schössen – klick, klick, klick – zwanzig Liliputaner mit Maschinengewehren. Die Schachuhrenindustrie lebt vom Blitz, denn der rasche Hieb garantiert den Ruin der vorhandenen Bestände.

Die tiefen sind nicht immer die schnellen Denker. Trotzdem waren Fischer, Tal und Hübner in den Jahren ihrer Frühreife hervorragende Blitzer. Das Blitzen entspricht einer Sonderspezialbegabung, die auf Wettbewerben getestet und prämiert werden kann. Eine Einzelblitzmeisterschaft ist ein alter Hut, die Erste Deutsche Mannschaftsblitzmeisterschaft, ausgetragen in der Kantine des Würzburger Fernmeldeamtes, hingegen ein relativ neuer.

Weiß: Bischoff, Schwarz: Pirrot – Königsläuferspiel – 1. e4 e5 2. Lc4 f5 3. d4 ed4: 4. e5 d5 5. ed6: e.p. Ld6: 6. Sf3 De7+ 7. Kf1 c5 8. c3 Sc6 9. cd4: Sd4: 10. Sd4: cd4: 11. Dd4: Sf6 12. Sc3 Lc5 13. Dh4 Le6 14. Lg5 0-0 (siehe Diagramm) 15. Te1 (Schwarz gab auf).

Denn nun ist, wie Schwarz (Saarbrücken) blitzschnell erkannte, wohl eine Figur beim Teufel. Blitzer unterliegen nicht der Mitschreibepflicht; theoretisch könnten sie sogar Analphabeten sein. Erst nachdem der schon als Einzelblitzer hoch dekorierte dreiundzwanzigjährige Berufsspieler Bischoff von dreiundzwanzig Würzburger Partien neunzehn gewonnen, nachdem das Quartett Bischoff, Kindermann, Klundt und Hecht, das heißt Bayern München, einen gewaltigen Punktevorsprung und damit den Sieg errungen und nachdem Mannschaftsführer Jellissen anstelle eines Pokals eine billige Dreiliterflasche Bocksbeutel und einen Stich von Würzburg empfangen hatte, brachte Weiß die Notation aus dem Gedächtnis zu Papier.

16. Die lange Rochade in Eriwan

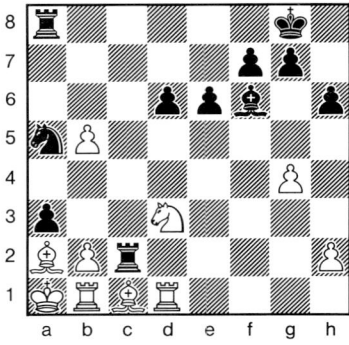

Schlußstellung

Frage an Radio Eriwan: Empfiehlt sich die lange Rochade?

Antwort: Im Prinzip ja. Allerdings kann es passieren, daß der König auf dem Damenflügel etwas unsicher steht. Wir kennen das aus der Geschichte des Feudalismus: Der König begibt sich von dem für ihn eingerichteten Schloßflügel in den Flügel der Königin und erlebt dort sein blaues Wunder.

Frage: Machen sowjetische Spieler Fehler?

Antwort: Im Prinzip nein. Nur wenn der Sowjetspieler auf einen Sowjetspieler trifft, ist es denkbar, daß ihm ein Fehler unterläuft. Doch sollte ein solcher nicht von irgendjemandem, sondern von einem Sowjetmenschen festgestellt werden. Wenn es zum Beispiel Großmeister Tukmakow ist, der zu der Einsicht gelangt, dem verdienten Leistungssportler Gawrikow wäre, wenn er etwas länger überlegt hätte, ganz bestimmt ein besserer 17. Zug eingefallen, dann wird es sich wohl um eine Ungenauigkeit gehandelt haben.

Frage: Ist also der alte Grundsatz richtig, daß ein Flügelangriff am zweckmäßigsten durch einen Gegenangriff im Zentrum aufgefangen wird, demzufolge Weiß 17. Sd4 hätte versuchen sollen?

Antwort: Im Prinzip nein. Kein

Sowjetspieler zieht nach den alten Grundsätzen. Es ist jedoch bekannt, daß die »Sowjetische Schachschule« die Lehre entwickelt hat, der Spieler möge in der konkreten Situation prüfen, ob ein Flügelangriff nicht durch einen Angriff im Zentrum neutralisiert werden könne. Kein Geringerer als Großmeister Tukmakow hat ja 17. Sd4 vorgeschlagen, weil Weiß auf 17... a4 mit 18. Le6: auf chancenreiche Art brutal werden kann.

Frage: Muß der Sowjetspieler kämpfen, solange es geht?

Antwort: Im Prinzip ja. Wenn er aber dank hervorragender Schulung erkennt, daß seine Position so oder so verloren sei, wird er realistisch genug sein, aus freien Stükken auf die Weiterführung der Partie zu verzichten. Auf diese Weise wird auch das im kapitalistischen Westen geprägte Bonmot, noch nie sei eine Partie durch Aufgeben gewonnen worden, als formalistisch entlarvt. Man braucht nur die Diagrammstellung mit den eingeschüchterten weißen Figuren zu betrachten, um die Drohung 31. ... Sb3+ 32. Lb3: ab2: matt wahrzunehmen. Nach einer Analyse von Großmeister Tukmakow nützt auch 31. Ld5 Sb3+ 32. Ka2 Sc1:+ 33. Tbc1: ab2:+ 34. Kb3 bc1:D nichts.

Frage: Dürfen Notationen preisgegeben werden?

Antwort: Im Prinzip nein. Da aber die folgende Partie 1982 in Eriwan geschaffen wurde, sei eine Ausnahme gestattet.

Weiß: Gawrikow, Schwarz: Tukmakow – Sizilianisch – 1. e4 c5 2. Sf3 d6 3. d4 cd4: 4. Sd4: Sf6 5. Sc3 Sc6 6. Lg5 e6 7. Dd2 a6 8.0-0-0 h6 9. Lf4 Ld7 10. Sc6: Lc6: 11. De1 Da5 12. Lc4 Le7 13. f3 b5 14. Lb3 Dc7 15. Se2 0-0 16. g4 a5 17. a3 Tfc8 18. Kb1 a4 19. La2 b4 20. ab4: Le4: 21. fe4: Dc2:+ 22. Ka1 a3 23. Tb1 De4: 24. Ld2 Sd5 25. Sc1 De1: 26. Te1: Lf6 27. Td1 Tc2 28. Sd3 Sb6 29. Lc1 Sc4 30. b5 Sa5 (Weiß gab auf).

17. Fünf Sekunden in Berlin

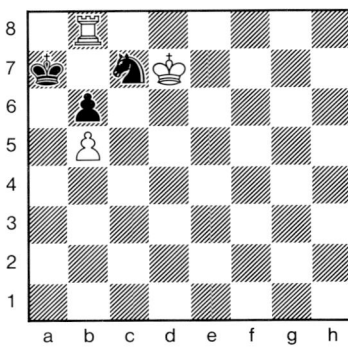

Weiß am Zug

Weiß hat fünf Sekunden Zeit. Zwei Steine sind angegriffen (siehe Diagramm). Noch vier Sekunden. Darf Weiß auf das Nächstliegende hereinfallen? Drei Sekunden. Gewisse Bauernendspiele, da beißt die Maus keinen Faden ab, sind allemal gewonnen. Zwei Sekunden. Also den Oberaufpasser ärgern. Eine Sekunde. Wenn aber der Unteraufpasser eingreift? Dann klappt es auch. Weiß zieht (wie?).

Jetzt hat Schwarz fünf Sekunden Zeit. Verblüffung. Noch vier Sekunden. Erholung von der Verblüffung. Drei Sekunden. Etepetete tun und zur Seite treten? Hilft nichts. Zwei Sekunden. Nur Blinde machen den Zug, den sich der Gegner offenbar erhofft. Eine Sekunde.

Bleibt nur eines übrig. Also gut, was soll's. Schwarz zieht (wie?).

Weiß antwortet sofort (wie?). Schwarz stutzt, erkennt seine Zwangslage, und wenn er vorhin »Nur Blinde...« dachte, so hat er jetzt dieselbe Situation in Grün. Gewisse Bauernendspiele sind eben gewonnen, das heißt verloren.

Beim »Blitzen« reagiert der Vereinsspieler seine Aggressionen ab, indem er mit zuckenden Unterarmen die Steine von einem Quadrat auf das andere schleudert und mit größtmöglicher Heftigkeit die Uhr drückt. Deshalb hat in jedem ordentlichen Verein der »Schachwart« nicht zwei, sondern drei undankbare Aufgaben: Er muß bekleckerte Wachstuchbretter säubern, verschwundene Läufer wiederfinden und außerdem viele malträtierte Schachuhren durch viele neue ersetzen, um deren Schonung der Vorsitzende bei der nächsten Mitgliederversammlung vergebens bitten wird. Da war das »Ansageblitzschach« umweltfreundlicher. Alle fünf Sekunden erging die Aufforderung zu ziehen, so auch 1914 in Berlin, wo die »Schachmaschine« (Spitzname für Weiß) den Weltmeister überrannte.

II. Persönlichkeiten

18. Der Komponist

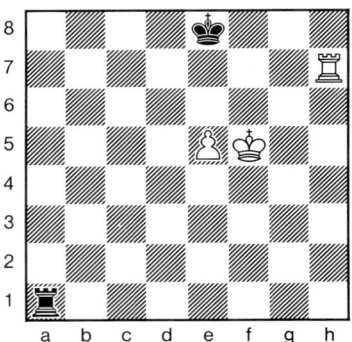

Schwarz am Zug

Warum wimmelt es eigentlich in einem bestimmten europäischen Land nicht von ausgezeichneten Schachspielern? In jenem Land, in dem nach Meinung seiner unermüdlichen Bewunderer die clarté zu Hause und das kartesianische Denken der reinste Breitensport ist, müßte doch die Lust am sechszügigen Matt als an einem in seiner Glasklarheit beispielhaften Vorgang zu großmeisterlichen Kombinationen anstacheln. Doch nichts dergleichen. Mütterchen Rußland scheint ein weitaus besserer Nährboden für logisch zwingende Königsangriffe zu sein als der Ausgangsort des esprit.

Aber das war nicht immer so. Der bedeutendste Spieler des achtzehnten Jahrhunderts stammte korrekterweise aus der Heimat der Aufklärung, wo man allerdings fand, er solle nicht kombinieren, sondern lieber komponieren. Der Verfasser des Buches »Analyse des Schachspiels« ist von seinen Landsleuten als Komponist gefeiert worden, zum Beispiel der Oper »Tom Jones«. Die Engländer wiederum schätzten mehr seine Züge als seine Noten, woraus erhellt, daß es gut ist, wenn das Genie beruflich nicht auf einem Bein steht.

Er sagte: »Die Bauern sind die Seele des Schachspiels.« In der Diagrammstellung drängt die übriggebliebene Seelenkraft zur achten Reihe und somit zum Partiegewinn. Aber Schwarz hat die (welche?) Möglichkeit, die Partie remis zu halten. Die vom Fielding-Vertoner entdeckte Methode hat mehr als zweihundert Jahre Zeit gehabt, sich herumzusprechen, weshalb die Gefahr besteht, daß etliche Leser sie kennen. Macht nichts – schließlich tritt auch der eingebildete Kranke heute noch auf.

19. Der Ästhet

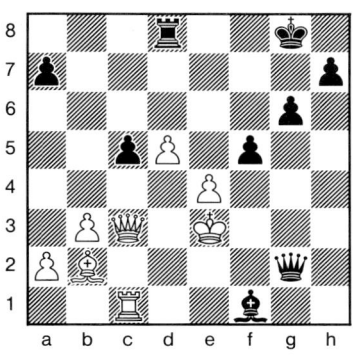

Schwarz am Zug

Einleuchtenderweise hat Don Juan die Frauen weniger geliebt als die Geometrie. In ihr und nicht in der Damenoberbekleidung herrschen die reinen Proportionen, hat der Begriff der Formvollendung einen Sinn. Die Berechenbarkeit ist allemal besser als die Unberechenbarkeit, folglich das Dreieck höher zu bewerten als das Dreiecksverhältnis. Sinus ist eine Winkelfunktion und einer der lateinischen Ausdrücke für Busen, doch wer seinen Geschmack am Umgang mit Sinuskurven geschult hat, wird bei andersgeartetem Umgang deren Makellosigkeit vermissen. Hinweise auf die Schönheit der Kristalle haben sich sogar in die popularwissenschaftliche Literatur gestohlen, Ausrufe der Bewunderung für die Harmonie einer Diagrammstellung desgleichen. Der Schachmeister verkneift sich das Wort »Schönheit« und spricht statt dessen von harmonischem Zusammenspiel der Figuren.

Siegbert Tarrasch allerdings war schönheitstrunken. Wäre er ein Don Juan gewesen mit einer Neigung zur Geometrie, hätte er seine ästhetische Grundüberzeugung in die Formel $r = sch^2$ gekleidet: Ein sehr schöner Zug ist auch der richtige. Im Turniersaal schuf er jene edlen Kräftemaße, die ihm in seiner Nürnberger Arztpraxis so selten entgegentraten. Als er sich in einer schönen Stadt aufhielt – St. Petersburg, 1914 –, zog er in der Diagrammstellung 28. ... f4+ 29. Kf4: Tf8+ 30. Ke5 Dh2+ 31. Ke6 Te8+. Nimzowitsch (Weiß) gab auf, weshalb das allerschönste Zugpaar 32. Kd7 Lb5 matt nicht in Erscheinung trat. Tarrasch hatte einen betörenden Umweg gewählt und somit die gerade Straße zum ordinären Sieg verfehlt. Welche Straße? Leuten, die im Lebenskampf über jede Leiche gehen, überhaupt Tatmenschen mit gesundem Sinn für Häßlichkeit dürfte die Lösung wenig Schwierigkeiten bereiten.

20. Der Rechtsanwalt

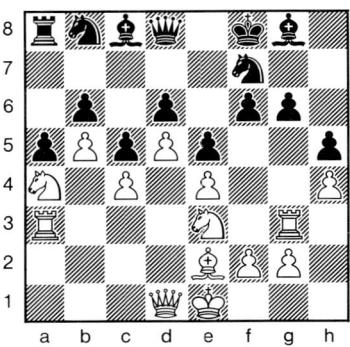

Weiß am Zug

Diez del Corral sieht unauffällig aus, mithin so, wie ein Schachspieler aussehen sollte. Seiner Unscheinbarkeit täte es nicht einmal Abbruch, wenn er ein wenig größer wäre, als er ist, und auf dem Kopf ein wenig mehr Haare hätte, als er hat. Seinen Blick hat er auf sachgerechte, doch dezente Weise nach innen gekehrt, wo jene Schlachten stattfinden, von denen in vollem Umfang zu künden das menschliche Antlitz lieber unterlassen sollte.

Natürlich gibt es Schachspieler mit Körpersprache. Ihr vibrierendes Bein, ihr rutschendes Gesäß und ihr zuckender Mund verdeutlichen dem Publikum, daß ihr Hirn arbeitet. Ihre Mimik verweist in jedem Moment auf ihre Stellungsbeurteilung. Diez del Corral setzt solche Zeichen nicht. Gewiß, er raucht. Da er aber genüßlich und ausdruckslos raucht, bleibt nichts anderes übrig, als sich die Notation seiner Partien anzuschauen, zum Beispiel einer vor Jahren in Malaga gespielten.

Weiß: Diez del Corral, Schwarz: Ciocaltea – Altindisch – 1. d4 g6 2. c4 Lg7 3. Sc3 d6 4. e4 Sd7 5. Le2 e5 6. d5 h5 7. Sf3 Lh6 8. Lh6: Sh6: 9. h4 f6 10. b4 Sf7 11. Sd2 c5 12. a3 Kf8 13. Sf1 Db6 14. b5 Da5 15. Tc1 Da3: 16. Th3 Da5 17. Tg3 Tg8 18. Ta1 Dd8 19. Se3 a5 20. Ta3 b6 21. Sa4

Sb8 (siehe Diagramm) 22. Lh5: gh5 23. Tg 8: Kg8: 24. Dh5: Ta7 25. Sf5 Lf5: 26. Tg3+ Kf8 27. Df5: Sd7 28. h5 Ke7 29. Tg7 Sf8 30. h6 Tb7 31. h7 Sh7: 32. Tf7:+ (Schwarz gab auf).

Aufgerissene Königsstellung, sagte der Kenner und heftet sie ab als 437 528. Beispiel dieser Gattung. Zum schwarzen Fehler im 21. Zug hätte Tarrasch bemerkt: Der Springer wird für die nächste Partie aufgestellt. Ciocaltea, rumänischer Großmeister, übte Selbstkritik, indem er die Variante 21... Ke7 22. Lh5: Sf8 vorschlug. Aus publizistischen, nicht positionellen Gründen ist das ein zweifelhafter Vorschlag, weil die Partie in diesem Fall vielleicht gar nicht gedruckt worden wäre.

Der spanische Großmeister indes – doch halt. Großmeister? Das klingt so selbstverständlich. Diez del Corral aber war immerhin schon an die vierzig, hatte demnach ein Alter erreicht, in welchem berühmtere Kollegen ihre steilsten Hoffnungen bereits zur Ruhe betten und mit einem entsprechend wehleidigen Eingeständnis dem ansonsten forsch rückwärts blickenden Vorwort zu ihrer Glanzpartiesammlung eine menschliche Note verleihen – damals also war Diez del Corral zwar schon Jurist, aber immer noch nicht Großmeister. Jetzt ist er auch das noch. Sollte der Spätblüher sein inneres Entwicklungstempo beibehalten, dürfte er im Februar 2007, wahrscheinlich in Wijk aan Zee, zur Weltklasse vorstoßen.

Bemerkenswerter als ein Titel ist sein Vorname. Dieser wird höchst selten erwähnt – das macht den Unterschied zwischen Schachkommentatoren und Polizeiberichterstattern. Diez del Corral heißt Jesus.

21. Der Schwindler

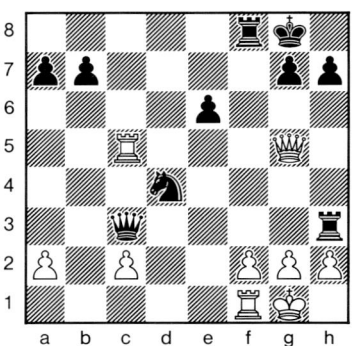

Schwarz am Zug

Erste Falschmeldung: »Ich glaube, ich spiele etwa so, wie Jack Dempsey boxte. Gleich mit dem Gong zur ersten Runde begann Dempsey, auf seinen Gegner einzuschlagen, um ihn gar nicht erst zur Besinnung kommen zu lassen.« Der Amerikaner, wiewohl vom Stamm der Angriffsspieler, war viel zu schlau, als daß er nur Boxerzüge vorgelegt hätte. Finten und Fallen paßten mindestens ebensogut zu seinem flotten Stil. Ein für ihn typischer Hintergedankengang ist einmal von Aljechin mit dem Ausdruck kollegialer Hochachtung als »Schwindel« charakterisiert worden. Möglicherweise ist die zitierte Selbsttäuschung zwecks Täuschung anderer auch nur ein Schwindel gewesen.

Zweite Falschmeldung: Augenzeugen berichteten, nach dem berühmtesten Zug des alten Fuchses, Breslau 1912, sei ein Goldregen auf das Brett herniedergegangen. Spätere Dementis klingen äußerst glaubwürdig. An Schachfreunden werden zwar immer wieder Anzeichen von Besessenheit beobachtet, doch so gut wie nie Symptome einer durch Leidenschaft gesteigerten Spendenfreudigkeit. Berufsspieler, wie der Amerikaner einer war, hatten damals stillschweigend das Gelübde der freiwilligen Armut abgelegt. Der Geiz der Kiebitze respektierte das.

Immerhin wäre der schwarze Zug, der in der Diagrammstellung erfolgte, eine milde Gabe wert gewesen. Das Entzücken der Kommentatoren schlug sich seitdem in Äußerungen nieder wie: »Der schönste Zug aller Zeiten« oder »Das ist kein Druckfehler«. Auf den ersten Blick wirkt der Zug (welcher?) wie eine Verrücktheit, auf den zweiten wie eine Frechheit, auf den dritten wie eine Offenbarung. Ein Anhaltspunkt: Wer sich in Gefahr begibt, gewinnt, wenn er darin umkommt, die Partie.

22. Der schlechte Verlierer

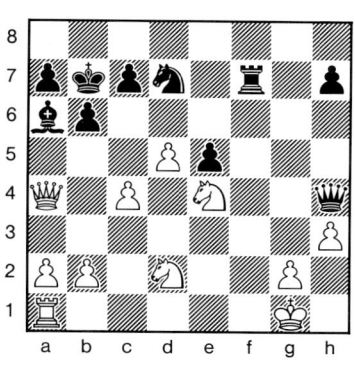

Weiß am Zug

Jetzt Haltung bewahren, sagte sich der besiegte Gladiator, während auf den Rängen des Circus Römer und Römerinnen den Daumen nach unten streckten und in der Arena der Gegner das Schwert zur Hinrichtung zückte. Angewidert von solcher Bereitschaft, in Schönheit zu sterben, verurteilt das Publikum des zwanzigsten Jahrhunderts die Anstandsbegriffe des ersten. Jetzt Haltung bewahren, sagt der besiegte Schachspieler, obwohl er am liebsten heulen oder zumindest drei Figuren an die Wand knallen würde. Angewidert von solcher Bereitschaft, kein schlechter Verlierer zu sein, wird das Publikum des vierzigsten Jahrhunderts in dem Brauch, gute Miene zum bösen Spiel zu ma-chen, als wesentliche Komponente die seelische Grausamkeit entdeckt haben.

Dann wird auch Kurt von Bardeleben (1861–1924) in seiner wahren Bedeutung für die Sittengeschichte endlich erkannt worden sein. 1895, beim großen Turnier zu Hastings, fiel er durch Leistung und dadurch auf, daß er, sobald seine Position miserabel war, sich wortlos erhob, den Saal verließ, nicht wiederkehrte und es einem Komitee überließ, Zeitüberschreitung und somit Verlust der Partie zu konstatieren. Die Engländer, viktorianischen Fairplay-Vorstellungen verhaftet, haben ihm das damals übelgenommen. Ihnen gefiel Jacques Mieses besser. Der blieb (siehe Diagramm) hinter seinen schwarzen Steinen hocken, worauf Weiß mit zwei Zügen (welchen?) seinen Vorteil definitiv ausschlachtete. Auch von Bardeleben harrte aus. Denn er war der Gewinner.

23. Der Hektiker

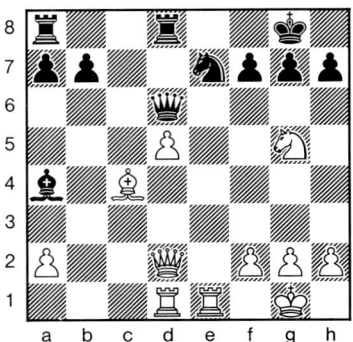

Weiß am Zug

Wie eine Rakete, unversehens und mit beträchtlicher Geschwindigkeit, springt Walter Browne von seinem Stuhl auf und saust durch den Turniersaal. Hin und wieder zurück. Mit einem Ruck nimmt er Platz, mit einem Ruck vergräbt er die Stirn in beide Hände und sitzt bis zum nächsten Ruck starr wie ein Denkerdenkmal. Eine sanfte, langsame Bewegung, zu empfehlen etwa bei der Beförderung des Springers von f3 nach g5, hat an ihm noch niemand wahrgenommen. Sein Mienenspiel besteht aus Zuckungen. Besonders aktiv ist Walter Browne, wenn er warten muß, beispielsweise in Halle A eines Flughafens. Mit angespannten Muskeln rennt und sitzt und rennt er, bis die Maschine aufgerufen wird, die ihn heim in die Vereinigten Staaten bringt. Glücklicherweise schwebte er nie in Gefahr, einen Weltmeisterschaftskampf bestehen zu müssen, denn seine innere Erregung wäre keiner Steigerung mehr fähig. Aber er ist ein brauchbarer Großmeister, der endlich allen Beobachtern zeigt, wie anstrengend das Leben eines ernsthaften Schachspielers ist.

Weiß: Browne, Schwarz: Helgi Olafsson – Damengambit – 1. d4 Sf6 2. Sf3 e6 3. c4 d5 4. Sc3 c5 5. cd5 Sd5: 6. e4 Sc3: 7. bc3 cd4 8. cd4 Lb4+ 9. Ld2 Ld2: 10. Dd2: 0-0 11.

Lc4 Sc6 12. 0-0 Dd6 13. Tad1 Td8
14. Tfe1 Ld7 15. d5 ed5 16. ed5 Se7
17. Sg5 La4 (siehe Diagramm) 18.
Sf7: Kf7: 19. Te6 De6: 20. de6+
Ke8 21. Ld3 Ld1: 22. Dd1: Tac8 23.
h3 Sd5 24. Df 3 (Schwarz gab auf).

Während des Turniers in Reykjavik, das Browne als Zweitbester,
sein Gegner als Zweitschlechtester
verlassen sollte, wurden bestimmte
Fehler verziehen, andere nicht.
Kein Pardon für den harmlosen 17.
Zug von Schwarz, wohl aber für die
verkehrte Anrede »Mr. Olafsson«,
die übrigens der Verwechslung mit
einem bedeutsamen Funktionär
Vorschub leistete. Zu Helgi Olafsson soll man ohne Scheu »Helgi« sagen. Denn die zwischen zwei Zivili-
sationsmenschen wünschenswerte
Distanz wird trotzdem aufrechter-
halten. Was alle Ausländer hartnäckig in den Mund nehmen, ist
nämlich nicht der Nachname – an
einem solchen fehlt es überall auf
Island –, sondern der Vatername.
Welche Gelegenheit, eine Hermine
ohne Umschweife Hermine nennen
zu dürfen. Statt dessen brechen sich
die Fremden lieber die Zunge und
stottern »Mrs. Sigurjonsdottir«.
Selbst Fridrik, der Präsident des
Weltschachbundes, muß es sich ge-
fallen lassen, daß ihn der Rest der
Welt nicht höflich Fridrik, sondern
wie zum Spott »Mr. Olafsson« ruft.

Es ist, als sagte einer zu Golo Mann:
»Guten Morgen, Herr Thomas-
sohn.«

24. Der Leberkranke

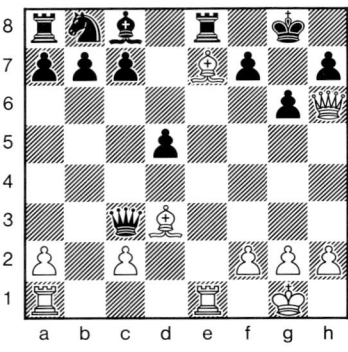

Weiß am Zug

So kannte das Personal eines Hotels in Gijon den Exweltmeister: abends nahm er eine Flasche Cognac mit aufs Zimmer, morgens war dieselbe leer. Dr. Rugarcia stellte Leberzirrhose fest und teilte dem berühmten Patienten mit, daß es bei einem derartigen Lebenswandel mit ihm bald völlig aus sein werde. Die Rückfrage lautete, welche Frist ihm noch beschieden wäre, wenn er sich bessern würde. »Einige Jahre«, erwiderte der Arzt. Hierauf der Schachspieler, kein Spanier, doch stolz wie ein solcher: »Dann lohnt sich für mich nicht mehr die Mühe, mit dem Trinken aufzuhören.«

Aljechin war tief gesunken. Das zeigte sich vor allem, wenn er nüchtern war. Da überließ er, nur weil er

dafür bezahlt wurde, den Sieg zuweilen irgendeinem Gecken, den er sogar im Vollrausch hätte schlagen müssen. Wurde er jedoch nicht bestochen, so gelangen ihm noch Glanzstücke wie die Partie, die er im Jahre 1944 auf einer Simultanveranstaltung in Caceres »blind« gegen vier Personen spielte.

Aljechin hatte Weiß. 1. e4 e5 2. Sf3 Sf6 3. d4 Se4: 4. Ld3 d5 5. Se5: Df6 6. 0-0 Ld6 7. Sc3 Sc3: 8. bc3 0-0 9. Dh5 g6 10. Dh6 Le5: 11. Lg5 Dg7 12. de5: De5: 13. Tfe1 Dc3: 14. Le7 Te 8 (siehe Diagramm). Mit der leichten Hand eines Lieblings der Götter erzwang er (wie?) nun den Gewinn.

Es war ein Lichtblick in der »Agonia de un genio«, wie sie Pablo Morán auf spanisch sorgfältig nachgezeichnet hat. Vereinsamt starb Aljechin 1946 in Portugal, nahezu geächtet wegen seines opportunistischen Verhältnisses zu den Nazis. Morán zitiert zur Entschuldigung einen seiner schachspielenden Landsleute: »Unter Mohammedanern hätte Aljechin Sandalen getragen und eine braune Hautfarbe gekriegt.«

25. Der Naturbursche

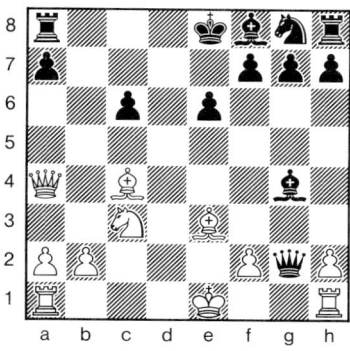

Weiß am Zug

»Schach ist wie Maria Stuart – es ist schön und bringt Unglück.« Ein bedenkenswertes Wort. Denn wie wird die Liebe zur hölzernen Dame und ihrem Hofstaat vergolten? Durch Seelenqualen, sofern man verliert. Durch Seelenqualen, sofern man gewinnt und darauf die Preissumme beim Roulette verliert. So erging es meistens dem zitierten Maria-Stuart-Kenner, der nicht nur Schachspieler, sondern eben auch Spieler war. Siegte er, so war mit ihm ganz gut Kirschen essen. Passierte allerdings das Gegenteil, so waren seine Umgangsformen so schlecht wie seine Stellung auf dem Brett.

Er kam schon 1868 auf die Welt, doch wäre ihm, stilistisch gesehen, eine frühere Geburt besser bekommen, ob in Polen oder anderswo. Er kombinierte nach der Methode »Immer feste druff«, während seine temperamentloseren Starkollegen in ihrer Perfidie bereits ein Positionsspiel zu kultivieren begannen, das die gröbsten Püffe und Stöße abfing. Ganz kläglich scheiterten deshalb zwei Versuche, dem gerissenen Weltmeister Lasker den Titel abzuknöpfen. Glücklicherweise waren nicht alle Konkurrenten so hochbegabt wie der. Ein Gegner in Schwarz (Nürnberg, 1896) ist sogar fast in Vergessenheit geraten – oder kennt noch jemand den damaligen Vorstand des Stenographenbüros im Reichstag, Herrn Emil Schallopp?
1. d4 d5 2. c4 dc 3. Sf3 c5 4. e3 cd4 5. ed4 Lg4 6. Lc4: e6 7. Da4+ Sc6 8. Se5 Dd4: 9. Sc6: De4+ 10. Le3 bc6 11. Sc3 Dg2: (siehe Diagramm).

In diesem Augenblick entschloß sich Weiß zu einer taktischen Unverschämtheit (welcher?). Fachautoren sprechen von »Sperrzug«. Die Gefühle, die den überrumpelten Strategen beseelen, kann nur derjenige ermessen, der sich ein Haus mit schöner Aussicht gebaut und plötzlich Nachbars Rohbau vor der Nase hat.

26. Der Hexenmeister

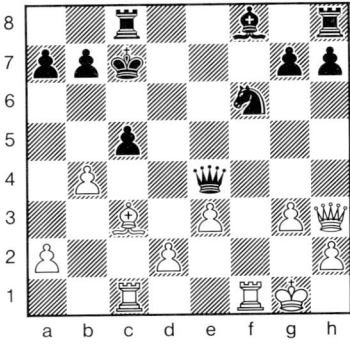

Weiß am Zug

Mit seinen Bewunderern ist Michail Tal ganz hübsch umgesprungen. Zuerst verdrehte er ihnen den Kopf, als er mit 23 Jahren die Weltmeisterschaft errang. »Der König der Kombinationen«, hauchten sie ergriffen. Dann verpaßte er ihnen eine kalte Dusche, als er mit 24 Jahren die Weltmeisterschaft wieder einbüßte. »Vielleicht ist er krank«, flüsterten sie. Ab und zu gewann er auch später gegen ein As eine tolldreiste Partie. »Der alte Hexenmeister«, brummten sie verzückt. Kurz darauf schien er auf Katastrophen abonniert zu sein. »Er ist tatsächlich krank. Die Nieren sind's«, wisperten die Bewunderer. In Riga, seiner Heimatstadt, gewann er 1979 das Interzonenturnier mit Glanz und Gloria. »Nicht ausgeschlossen, daß er bei der nächsten Weltmeisterschaft Karpows Herausforderer wird«, fachsimpelten sie.

Binnen kurzem verlor er seinen ersten Kandidatenwettkampf gegen Polugajewsky mit Pauken und Trompeten. Aus der Traum. Die Bewunderer sagen nichts mehr, sie sind fassungslos. Aber ist er nicht ein Genie – zumindest gewesen? Andere wiederum behaupten, gewesen sei er bestenfalls ein Blender mit Erfolg. Tal selber ist so höflich, ihnen zum Teil beizupflichten: »Manchmal«, schrieb er, »hatte

Smyslow mich total überspielt, so daß mir in solchen entsetzlichen Situationen nichts anderes übrigblieb, als ausgesprochen falsche taktische Ideen zu verwirklichen. Zu meinem Erstaunen blieb ab und zu der Erfolg nicht aus.«

Das Buch, das diese haarsträubenden Sätze enthält, heißt im Deutschen ausgerechnet »Weltmeister lehren Schach«. Und dennoch: Zu einer Zeit, als man noch an ihn glauben durfte, brachte Tal im Tal-Stil nicht gegen Smyslow, sondern gegen Velimirovic eine Glanzpartie zustande. Sie gehört zu einem Länderkampf gegen Jugoslawien, den die Sowjetunion 25:15 gewann.

Weiß: Tal, Schwarz: Velimirovic – Englisch – 1. c4 c5 2. b3 Sc6 3. Lb2 e5 4. g3 d6 5. Lg2 Le6 6. Sc3 Dd7 7. Sf3 Lh3 8. Lh3: Dh3: 9. Sd5 Dd7 10. e3 Sce7 11. Sc3 Sf6 12.0-0 e4 13. Sg5 d5 14. cd5 Df5 15. Sf7: Kf7: 16. f3 Sed5: 17. fe4 Sc3: 18. Lc3: De4: 19. Dh5+ Ke6 20. Dh3+ Kd6 21. b4 Kc7 22. Tc1 Tc8 (siehe Diagramm) 23. Tf5 Dg4 24. Le5+ Kd7 25. Df1 De4 26. Tc4 Dc6 27. Dh3 De6 28. Lf6: gf6 29. Te4 Da2: 30. Tc5: (Schwarz gab auf).

Sei es Feuer-, Meister- oder Blendwerk: Bei ruhiger Analyse ist nicht zu verkennen, daß nach dem frühen Läufertausch Weiß bereits ein wenig in Vorteil kam. Im 15.

Zug erinnerte sich Tal an Tal und opferte frech eine Figur. Das Spiel gestaltete sich herrlich verzwickt, wobei Tal auf 21. b4 besonders stolz war. Der Feiertagszug aber wurde der 23. Von nun an konnte sich Velimirovic drehen und wenden, wie er wollte – Tal hätte ihm im 25. Zug c4 statt De4 empfohlen –, es setzte Hiebe von allen Seiten. »Wir erinnern uns ganz genau«, mögen die Bewunderer sinnieren, »daß Tal unvergleichlich gespielt hat. Wenn er sich selber nicht mehr nachmachen kann: sollen es doch mal die anderen versuchen.«

27. Der Seemann

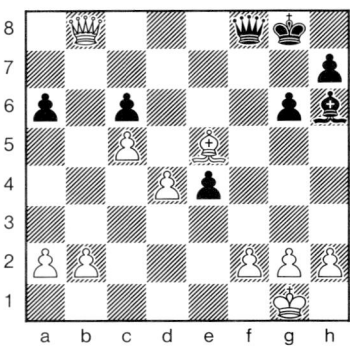

Weiß am Zug

Es lebe das Naturtalent. Es ersetzt den Fleiß, die Ochsentour und die Nachtarbeit. Es muß sich allerdings um ein unbändiges Talent handeln und nicht bloß um eine brave Begabung, die ihren Besitzer unentwegt verpflichtet, sich auf den Hosenboden zu setzen.

Der Manhattan Chess Club war 1930 der stärkste amerikanische und der piekfeinste New Yorker Verein, in dem man nicht viel übrig hatte für Leute wie Arthur W. Dake. Diesem waren erst vor einem Jahr die Grundregeln des Spiels beigebracht worden. Er stammte nicht von der Ostküste, sondern aus Oregon. Außerdem war er Seemann. Merkwürdigerweise schlug er jedoch alle schachspielenden Landratten und war binnen kurzem

Clubmeister. 1932 schlug er in Pasadena, Westküste, sogar Weltmeister Aljechin.

Seine Verachtung für Naturtalente drückte Aljechin durch eine vorsätzliche Eröffnungsdummheit aus. Im Caro-Kann mit Schwarz den Läufer auf e6 zu stellen, obwohl der Königsbauer noch auf e7 stand, bedeutete soviel wie: Ich bin einer, der sich dir gegenüber Fehler leisten kann. Als Dake, persönlich ungerührt, den Fehler ausgenützt hatte, besann sich Aljechin seriöserer Kniffe. Er opferte einen Bauern und, als das nichts half, noch einen. Doch Dake war die Unbefangenheit in Person und verbesserte seine Position zusehends. Da erinnerte sich der Weltmeister des letzten Notnagels der Arrivierten, der sogenannten Erfahrung.

Hätte Weiß (s. Diagramm) im 29. Zug falsch gehandelt, wäre die Partie dank perfider Endspielkünste vielleicht doch noch remis geworden. Der Seemann handelte aber richtig (wie?), und eine Karriere war auf ihrem Höhepunkt. Die Gegenseite gab, reichlich spät, im 38. Zug auf. Zu seinem Leidwesen wurde Dake fortan von den stärksten Profis ernst genommen und mehrmals geschlagen. Da verlor er die Lust an dem komischen Schach. Ein Naturtalent kann sich das erlauben.

28. Der Merker und Macher

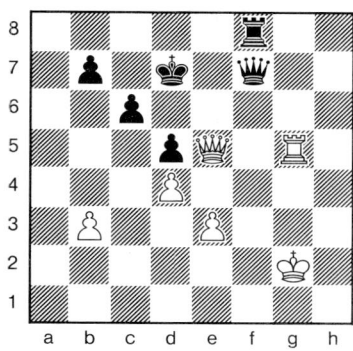

Weiß am Zug

Ein Musikkritiker, einer von den erbarmungslosen, wollte den Tenören zeigen, was ein Sänger ist. Vor wehrlosen Abonnenten sang er wie eine Nebelkrähe und verfehlte das hohe C um die große Terz.

Ein Fußballreporter, einer von den süffisanten, half einem Bundesligaverein im Tor aus. Die Mannschaft verlor 0:20. Das Ergebnis wäre noch eindrucksvoller gewesen, wenn der am Nasenbein verletzte Torhüter nicht in der ersten Halbzeit ausgewechselt worden wäre.

Ein Publizist, einer von den neunmalklugen, gründete die von ihm ersehnte Partei. Seine Frau und Wahlberechtigte, die ihn gut kannten, wählten ihn sowieso nicht. Andere Personen wählten ihn aber auch nicht.

Ein Schachschriftsteller hingegen, einer von den allwissenden, setzte sich ans Brett und gewann, kaum zu glauben, die Partie. Das ist ein zusätzlicher Beweis dafür, daß Schach mit dem gewöhnlichen Leben wenig zu tun hat. Einschränkenderweise sei bemerkt, daß mancher Großmeister natürlich froh ist, wenn andere Leute seine Bücher schreiben, wie auch mancher Autor sich glücklich schätzt, wenn andere Denker seine Partien spielen.

Theo Schuster, mal Merker, mal Macher, ist x-facher Chronist der in der Schachgeschichte ausgeheckten Mattangriffe und achtfacher württembergischer Meister. Er schrieb »Erfolgreich Schach spielen« und wußte sogar, wovon er redete. Als er den Zauber der »Kreuzfesselung« abhandelte, hätte er ohne weiteres auf erlauchte Beispiele zurückgreifen können. Schuster beschloß jedoch, beim eigenen Leisten zu bleiben.

Bei dieser Art von Fesselung bilden die Wirkungslinien ein Kreuz, gleichgültig ob ein lateinisches oder griechisches. In der Partie Schuster – Pfeiffer, Deutsche Meisterschaft 1953 in Berlin, fesselte aus der Diagrammstellung heraus erst Weiß (wie?), dann Schwarz (wie?), bis schließlich Weiß (drittes Fragezeichen) die Retourkutsche umwarf.

29. Der gewöhnliche Großmeister

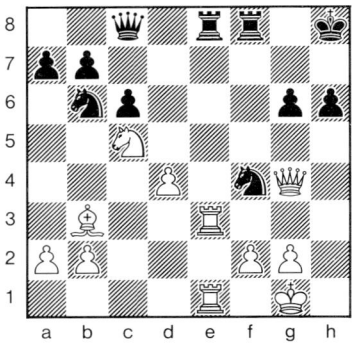

Weiß am Zug

Das, was die einen die Gesellschaft nennen, die anderen das Volk, wieder andere die Bevölkerung, kurzum der große Haufen, hat manches nützliche Glied. Ein solches Glied lernt mehr, als es muß, tut sein Bestes und noch etwas mehr, bewährt sich anhaltend und tritt willig in den Ruhestand. Im Kopf hat es allerhand, nur keine Flausen und Rosinen, im Ohr hat es die vielen Worte der Vorgesetzten, aber keinen Floh. Unnötiges Aufsehen vermeidet das nützliche Glied. Fällt sein Name, so ziehen die Kollegen den Hut, während der Rest der Menschheit mit der Schulter zuckt.

Auch Rafael Waganjan, 1951 noch ein Säugling, 1971 schon Stratege, ist rasch und zügig Spezialist geworden. Die Fachleute kennen ihn, und das genügt. Begabte Laien sind froh, wenn sie Karpow und Kasparow auseinanderhalten, und glauben es der Sowjetunion auch so, daß sie fürchterlich viele Großmeister – auf russisch: Grossmaister – in der Hinterhand hat. Manchmal wird einer von ihnen ins Ausland geschickt, damit sich dort ein paar Kiebitze vergewissern können, daß es ihn tatsächlich gibt. So kam Waganjan nach Tilburg.

Der ordentliche Professor, hieß es früher bei uns, leistet nichts Außerordentliches, der außerordentliche Professor nichts Ordentliches. GM Waganjan liefert ordentliche Partien. Turniere leben nicht von Sensationen, sondern von harter, zuweilen unverständlicher Gedankenarbeit. Um ein Bild zu gebrauchen, das Waganjan zusagen sollte: Wenn der Samowar funktioniert, braucht kein Champagnerpfropfen zu knallen. Begreiflicherweise werden die Meister zu Sportlern stilisiert, gegebenenfalls sogar zu Wissenschaftlern, nie aber zu Unterhaltungskünstlern.

Weiß: Waganjan, Schwarz: Hübner – Angenommenes Damengambit – 1. d4 d5 2. c4 dc4: 3. Sc3 e5 4. e3 ed4: 5. ed4: Sf6 6. Lc4: Le7 7. Sf3 0-0 8. 0-0 Sbd7 9. Te1 Sb6, 10. Lb3 c6 11. Lg5 Lg4 12. Dd3 Lf3: 13. Df3: Sfd5 14. Le7: Se7: 15. Te5 Sg6 16. Te4 Sd7 17. Td1 Da5 18. Te3 Tad8 19. Se4 Dc7 20. h4 h6 21. Dg4 Kh8 22. h5 Sf4 23. Tg3 g5 24. hg6: fg6: 25. Te1 Tde8 26. Tge3 Sb6 27. Sc5 Dc8 (siehe Diagramm) 28. Df4: (Schwarz gab auf).

Ach ja, unser Hübner. Nachdem er diese Partie verloren hatte – sie ist gehaltvoll wie ein Stück Vollkornbrot ohne Butter, mit einem Scheibchen Gelbwurst in letzter Sekunde – remisierte er eine Woche lang, verlor dann ein zweites Mal (gegen Portisch) und schlug schließlich die beiden Schlußlichter. Erfolgsquote: 50 Prozent. Mißerfolgsquote: 50 Prozent. Schachspieler, immer nobel, erwähnen nur den Erfolg.

30. Der Mathematiker

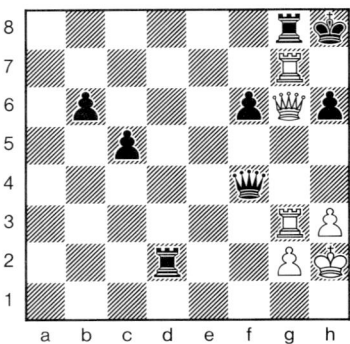

Schwarz am Zug

Das breite Publikum ist Max Euwe nicht zu Dank verpflichtet. Es konnte sich jahrzehntelang an keiner einzigen Marotte ergötzen. Es wurde sogar um jede Gelegenheit betrogen, sich sportlich-sittlich zu entrüsten. Es wurde gelangweilt durch den Anblick eines Holländers, der sich unauffällig kleidete und korrekt frisierte. Das Publikum wäre entsetzt gewesen, wenn es die ganze Wahrheit erfahren hätte: daß dieser Mensch Doktor der Mathematik war und von ihr als Lehrer lebte, daß er ungern, aber hervorragend Deutsch sprach und daß er von der Diplomatie mindestens soviel verstand wie die Diplomaten.

Nie schnappte er über, weder als Weltmeister noch als Schachbuch-Erfolgsautor, noch als Präsident des Weltschachbundes. Das achte Lebensjahrzehnt vollendete er in geistiger Gesundheit. Der Beweis: das Diagramm. Euwe beteiligte sich nicht mehr an Großmeisterturnieren – das wäre in seinem Alter zu extravagant gewesen –, wohl aber an kleineren Veranstaltungen in der engeren Heimat. Mit Schwarz schlug er zweimal (wie?), worauf Weiß einsichtsvoll aufgab.

Dieser Sieg über Moonen war eine seiner letzten Taten vor seinem Tod im November 1981. Seitdem bleibt jedem Patzer ein Erlebnis wie dieses erspart: Ein gutsituierter älterer Herr tritt höflich interessiert ans Brett. Er erkennt binnen zwei Sekunden, daß die Stellung nicht im geringsten seiner Aufmerksamkeit würdig ist. Höflich desinteressiert wendet er sich ab, und nur in seinen Augen bricht sich der schwache Widerschein der Verachtung.

31. Der verhinderte Rabbiner

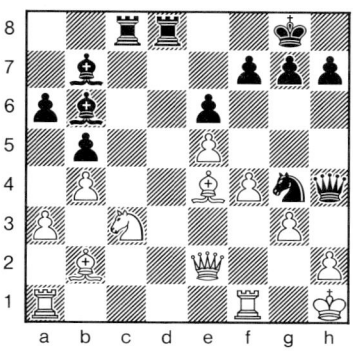

Schwarz am Zug

Wahrscheinlich wäre er Rabbiner geworden, hätte ihn nicht die Logik verführt. Von den Asketen, die täglich stundenlang Theorie treiben, war er der erste große. Aber er hatte ein paar Fehler:

a) er überschätzte die Spielstärke der reinen Vernunft;

b) er war höflich, entfernte sich stets vom Brett, wenn der Gegner am Zug war, und verlor dadurch Zeit;

c) er publizierte seine in harter Arbeit erworbenen Erkenntnisse, half also der Konkurrenz auf die Sprünge und büßte, wie Tartakower schrieb, dadurch einen Teil seiner »Simsonhaare« ein;

d) er spielte nicht Klavier und darf deshalb mit einem pianisti-

schen Namensvetter nicht verwechselt werden.

Einmal aber, Lodz 1908, brannte er (wer?) ein Feuerwerk ab. Manchmal schreiben die Tragiker die besten Komödien. Manchmal haben die Komiker die tiefsten Gedanken. Manchmal liefert ein Positionsspieler die von Kiebitzen und Fachzeitschriften heiß ersehnte Kombination.

In der Diagrammstellung wäre es gentlemanlike gewesen, die Dame vor der groben Zudringlichkeit des Bauern zu bewahren. Statt dessen brachte Schwarz noch andere Figuren in Lebensgefahr (wie?).

Anders ausgedrückt: Nachdem Weiß 22. g3 gezogen hatte, schlug Schwarz, was bestens gedeckt zu sein schien. Niemand hätte sich nun beherrschen können, folglich griff auch Rotlevi, der Gegner, zu. Hierauf warf Schwarz, als fühle er sich noch nicht genug geschwächt, dem Kontrahenten einen weiteren fetten Bissen zum Fraße vor. Der Köder wurde verzehrt. Jetzt, im 24. Zug, bot Schwarz schlagend Schach, worauf sich die weiße Dame schützend vor ihren König stellte. Schwarz aber beachtete sie nicht, er bot nicht einmal Schach – er machte, materiell fast am Ende, lediglich den Gewinnzug.

32. Der andere Mathematiker

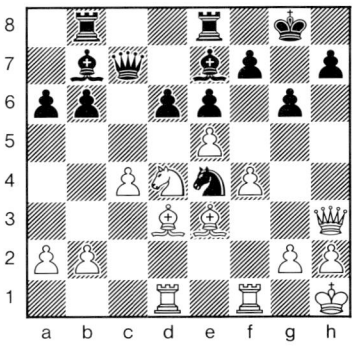

Weiß am Zug

Nicht wenige Schachspieler sind stolz auf Dr. John Nunn. Erstens wegen des Doktortitels, den sie, siehe Dr. Hübner, mindestens so hoch in Ehren halten wie den handelsüblichen Großmeistertitel. Diese Einschätzung ist verständlich. Auch umgekehrt würden, befände sich unter dem wissenschaftlichen Personal eines akademischen Fachbereichs ein leibhaftiger GM, drei Dutzend Doktoren den Gedanken fassen: »Der scheint es zu etwas gebracht zu haben.« Zweitens ist oder war Dr. Nunn Mathematiker. Unter Lyrikern, Pfarrern und Schachspielern genießt die Mathematik den Ruf einer knallharten, nur schärfsten Denkern zugänglichen Wissenschaft. Aus lauter Freude über die Ausnahmeerscheinung hat die eine Schachzeitschrift den Mittzwanziger zum Genie gemacht, die andere zum Professor. Leider läßt er eine publikumswirksame Einstellung zu seiner Doppelbegabung vermissen. Auf die Frage, was Schach und Mathematik gemeinsam hätten, sagt er: »Nichts.«

GM Dr. John D. M. Nunn tritt für England auf, weil Großbritannien im Schachsport kein Begriff ist. Ob er daheim auf seiner Insel wohl so bekannt ist wie der gleichnamige Anaesthesist oder der auch nicht anders heißende Herausgeber eines Marine-Journals? Tatsache bleibt, daß Nunn zusammen mit Balaschow 1982 das internationale Großmeisterturnier in Wijk aan Zee gewonnen hat.

Weiß: Nunn, Schwarz: Sunye – Sizilianisch – 1. e4 c5 2. Sf3 e6 3. d4 cd4 4. Sd4: a6 5. c4 Sf6 6. Sc3 d6 7. Le2 Le7 8.0-0 0-0 9. f4 Te8 10. Le3 Sbd7 11. De1 Dc7 12. Dg3 Tb8 13. Kh1 b6 14. Tad1 Sc5 15. e5 Sfe4 16. Se4: Se4: 17. Dh3 g6 18. Ld3 Lb7 (siehe Diagramm) 19. Se6: fe6 20. Le4: Le4: 21. De6:+ Kg7 22. ed6 Ld6: 23. Ld4+ Kf8 24. Df6+ Kg8 25. Tfe1 Db7 26. Dh8+ Kf7 27. Dh7:+ Ke6 28. Db7: (Schwarz gab auf).

Nunn sei ein mathematisches Wunderkind gewesen, heißt es 1982 unter Schachspielern, Sunye werde ein Schachwunder sein, hieß es 1979 unter Brasilianern. Damals, beim Interzonenturnier in Rio, war Sunye der Anonymität entwachsen. Die ausländischen Zeitungen schrieben seinen Namen erst einmal falsch, die brasilianischen schrieben ihn richtig, aber zu oft. Denn der junge Mann war in den folgenden Jahren hauptsächlich damit beschäftigt, Hoffnungen zu zerstören.

Sollte Nunn Hoffnungen zerstört haben, dann nur mathematische. Denn es sieht so aus, als wolle er künftig ausschließlich dem Schach dienen. Oder wie wir in der Bundesrepublik sagen: Es gibt keine Vorbilder mehr. Adolf Anderssen, im neunzehnten Jahrhundert am Brett einer der Größten, lebte und starb als Mathematikprofessor am Breslauer Friedrichs-Gymnasium. Vor knapp fünfzig Jahren spielte Max Euwe gegen Aljechin um die Weltmeisterschaft – nachmittags. Vormittags hatte er etwas anderes zu tun: er gab an einer holländischen Schule Mathematikunterricht.

33. Der Priester

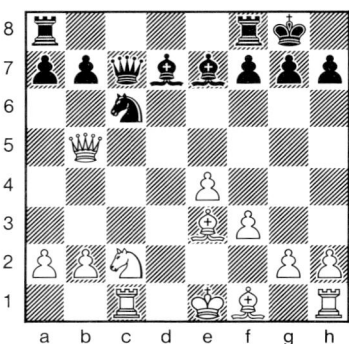

Schwarz am Zug

Er allein verstand Bobby Fischer, als der Weltmeisterschaftskampf beinahe platzte. Großmeister trieben sich rudelweise in Reykjavik herum, doch Großmeister und Seelsorger zugleich und außerdem noch Amerikaner war nur William Lombardy. Hyänen mit Reporterblock sagten »Father« zu ihm und baten ihn um ein Wort der Erleuchtung über den schmollenden Herausforderer. Wohlbeleibt, schwarz gekleidet und in seiner Ruhe weder durch Ereignisse noch durch deren Ausbleiben zu erschüttern, erwiderte Lombardy, auch wer nach der Weltmeisterschaft greife, sei innerlich gefährdet wie »all human beings«. Zehn Jahre später, auf der Olympiade in Luzern, erzählte der Theo-

loge seine erbaulichen Geschichten in Zivil. Schon die heilige Teresa von Avila sei Schachspielerin gewesen, denn von ihr stamme der gute Rat: »Setzt Gott durch Gebete matt.«

1961 hatte der damals dreiundzwanzigjährige Lombardy gegen den sechs Jahre jüngeren Fischer gespielt. Hinzuzufügen, wer gewonnen hat, erübrigt sich wohl. Im frühen Mittelspiel leerte sich das Brett ein wenig – eine Kettenreaktion, die bei uns Abwicklung, andernorts Liquidation genannt wird. Bobby warf, die Diagrammstellung vor Augen, den schwarzen »Fehdehandschuh« (Ausdruck von Euwe) hin, den Weiß aufnahm, weil er sich für den übernächsten Zug eine mittelgroße Bosheit ausgedacht hatte. Doch diese Bosheit beantwortete Schwarz mit einem »Skorpionstich« (Ausdruck von Fischer). Und dann? Dann ging die Partie weiter. Weiß hatte plötzlich einen gut postierten Springer und immer noch eine ordentliche Bauernstruktur, Schwarz hingegen einen jener klitzekleinen, doch sich summierenden Vorteile eingeheimst, derentwegen Fischer die wildesten Kombinationen (in diesem Fall welche?) zu veranstalten liebte.

34. Der Diener

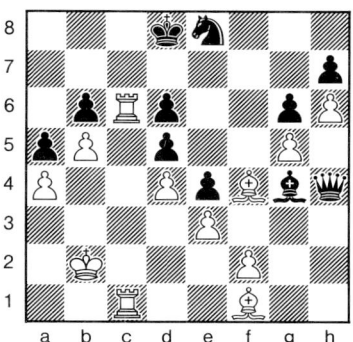

Schwarz am Zug

Mir Malik Sultan Khan war nicht Sultan, sondern Diener und wäre nie nach London gekommen, wenn sein Herr, ein Inder wie er, nicht dorthin versetzt worden wäre. Siehe da, auch in England spielten manche Leute Schach, allerdings nach etwas anderen Regeln als daheim in Indien. Zum Beispiel durfte ein englischer Bauer gleich zu Beginn seines Marsches einen Doppelschritt tun. Die Europäer hatten offenbar ein Faible für den kleinen Mann. Dem Diener gefiel das, und binnen kurzem schlug er auf internationalen Turnieren die Meister aller Klassen.

Der Herr, ein Offizier, war entzückt und zeigte sich dadurch erkenntlich, daß er die Spielgefährten seines kontaktfreudigen Unterta-

nen, alles reizende Menschen, zu sich zum Dinner einlud. Mir Sultan Khan durfte in seinem Element sein und, ausgerüstet mit Tablett und Vorlegebesteck, die seltenen Gäste bedienen. Schachspieler wurden damals nicht oft zum Dinner eingeladen. Trotzdem wird behauptet, einige hätten sich geschämt.

Als Diener und kluger Analphabet verstand sich Sultan Khan aufs Lavieren. Abwarten, ausharren, irgendwelche Züge machen und nur aufpassen, daß sich die eigene Position nicht verschlechtert, vielleicht sogar, so das Glück es will, verbessert, das ist Lavieren. Capablanca, ein Grandseigneur und Lebemann, verstand von solchen Domestikenkünsten wenig. Er verstand allerdings, daß er mit Schwarz in der Diagrammstellung nicht auf f2 schlagen durfte (warum nicht?). Übrigens verlor er auch ohne diesen Fehler die klassische Lavierpartie. Nach 55. ... Dh5 56. Te1 Dh1 57. Tec1 Dh5 58. Kc3 Dh4 59. Lg3 Dg5: 60. Kd2 Df5 61. Tb6: Ke7 62. Tb7+ Ke6 63. b6 Sf6 64. Lb5 Df3 65. Tb8 gab er auf. – Das war beim Jahreswendeturnier 1929/30 in Hastings. Zwei Jahre später wurde der Herr des Meisterspielers an einen Ort versetzt, wo keine Turniere stattfanden. Sein Diener folgte ihm und ward nicht mehr gesehen.

35. Der Unbekannte

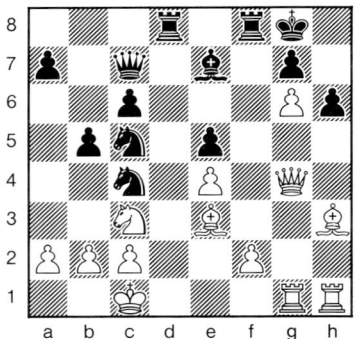

Weiß am Zug

Als Bobby Fischer von Triumph zu Triumph eilte, als es auf Turnieren, an denen er teilnahm, nur noch um die Besetzung der Plätze zwo bis hinten ging, als ehrgeizige Großmeister sich feiern ließen, wenn sie gegen ihn ein Remis erzielten, passierte eines Tages folgendes: Fischer hatte Weiß und zog 1. e4. Sein Gegner verteidigte sich französisch, beging nicht den klitzekleinsten Fehler und gewann in dreißig Zügen.

»Nach einer solchen Niederlage«, hätte in dieser Situation ein Politiker gesagt, »kann Fischer nicht wieder zur Tagesordnung übergehen.« Die Schachmenschen reagierten anders. Zuerst wußten sie nicht einmal, wer der Gegner war. Kovacevic. Wie bitte? Kovacevic. Kaum einer kannte ihn. Womit das Zagreber Ergebnis um seine Schicksalhaftigkeit gebracht war, Bobby zur Tagesordnung überging und seinen nächsten Triumph vorbereitete.

Andere Schachmenschen gingen noch weiter. Wie dumm, fragten sie, muß einer spielen, damit ihm das Glück widerfahre, Fischer zu schlagen? Und wenn ihnen entgegengehalten wurde, daß K. ganz vorzüglich gespielt hatte, kamen sie mit ihrem schärfsten Argument: Der Mann ist kein ernsthafter Gegner, auch Fischer hat ihn selbstverständlich nicht ernst genommen, sonst hätte er ihn ja besiegt. Vlatko Kovacevic, was blieb ihm anderes übrig, wirkte weiter im stillen. 1976 hatte er so viele Pluspunkte gesammelt, daß der in Haifa tagende Weltschachbund ihn unauffällig zum Großmeister ernennen konnte. Fünf Jahre später kam es zu Hause in Jugoslawien zu dieser spritzigen Partie, ohne daß davon viel Aufhebens gemacht worden wäre.

Weiß: Kovacevic, Schwarz: Martinovic – Unregelmäßig – 1. Sf3 d6 2. d4 Lg4 3. e4 Sf6 4. Sc3 c6 5. Lg5 Sbd7 6. h3 Lf3: 7. Df3: e5 8.0-0-0 Le7 9. de5 de5 10. h4 Dc7 11. g4 0-0 12. Le3 Sc5 13. g5 Sfd7 14. h5 b5 15. Dg4 Tad8 16. Lh3 Sb6 17. Tdg1 Sc4 18. g6 fg6 19. hg6 h6 (siehe Diagramm) 20. De6+ Se6: 21. Le6:+ Tf7 22. gf7+ Kf8 23. Th6: Lf6 24. Lc5+ Sd6 25. Th8+ Ke7 26. Td8: Dd8: 27. Td1 Lg5+ 28. Kb1 (Schwarz gab auf).

Fetzen können so, aber auch anders fliegen. Kovacevic hat hinterher noch einige Varianten beigesteuert. Ob Martinovic, Marjanovic, Matanovic oder Matulovic (alles jugoslawische Großmeister, wenn das so weitergeht, dreht sich keiner mehr nach ihnen um): jeder von ihnen wäre vermutlich im zwanzigsten Zuge der Versuchung erle-

gen, die Dame zu schlagen, doch vielleicht hätte sich einer im 21. Zuge für Kh8 entschieden. Antwort: 22. Lh6: gh6 23. g7+ Kh7 24. g8D+ Tg8: 25. Lf5+ Tg6 26. Tg6: Lf8 27. Tc6:+. Oder im 23. Zug zu Lb4. Antwort: 24. Th8+ Ke7 25. Ke6: 26. f8D Lf8: 27. Tf8:. Oder im 28. Zug, statt nach dem »Racheschach« aufzugeben, zu Ke6:. Antwort: 29. Td6: Dd6: 30. Ld6: und Schwarz kann ebenfalls einpacken.

Wiederum ein paar Monate später fiel Kollege Kurajica aus allen Wolken. Er berichtete in »schach aktuell«, Kovacevic habe in einem Turnier den zweiten Platz belegt, und das sei eine »echte Sensation«. Ist solche Verblüffung nicht kränkend? Es ist schwer, dem Diagrammstellungsgewinner einen guten Rat zu geben, höchstens den, sich nicht auch noch verwechseln zu lassen. In Jugoslawien haben schon vier Spieler auf sich aufmerksam gemacht, die Kovacevic heißen.

36. Der Psycho-
analytiker

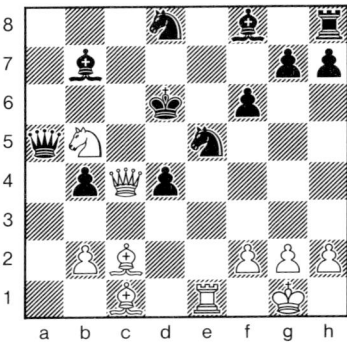

Schwarz am Zug

Er durfte. Einer, der bloß Psychologe und sonst nichts Besonderes gewesen wäre, hätte sich bei den wenigen Schachspielern, die Bücher lesen, ziemlich unbeliebt gemacht, wenn er den König mit dem Penis eines Knaben verglichen hätte. Er aber (wer?) war ein erfahrener amerikanischer Großmeister und daher vor dem Vorwurf gefeit, er verstehe nichts von Königen.

Einer, der ausschließlich als Psychoanalytiker das Ego des Spielers gekannt hätte, wäre mit der Behauptung, das Schach verschaffe mehr libidinöse Befriedigung als andere intellektuelle Umtriebe, auf Ablehnung gestoßen. Er aber, der am Brett, am Schreibtisch und an der Couch gearbeitet hatte, mußte

sich ja wohl ein Urteil erlauben können.

Über den Erfolgsmenschen Alexander Aljechin beispielsweise sprach er kollegial häßlich. Hierzu war er insofern legitimiert, als er einmal von diesem Aljechin, dem Mann mit den »sadistischen Impulsen«, unter die möglichen Weltmeister gerechnet worden war. Er selber fand es »jammerschade« (Gegenfrage: wieso, zum Kuckuck, jammerschade?), daß 1945 in Hollywood ein Gegner namens Steiner in der Diagrammstellung 23. ... Db5: spielte und nach 24. Db5: Kc7 25. Da5+ aufgab. Er hätte sich einen effektvolleren Schluß gewünscht, der nach 23. ... Ke7 möglich gewesen wäre. Leser, die bei dieser Mattkombination (welcher?) Freude empfinden, sollten das nicht laut sagen. Weiß der Himmel, welche Gefühle ihnen unterstellt würden.

Schließlich war es auch von Aljechin unklug, in aller Unschuld zu erzählen, er habe mit seiner Frau im Bett Schach gespielt. Prompt hat sein psychoanalysierender Kollege in einen seelischen Abgrund geblickt. Dabei war Aljechin vielleicht nur müde gewesen.

III. Fachsimpeleien

37. Eröffnungen benennen

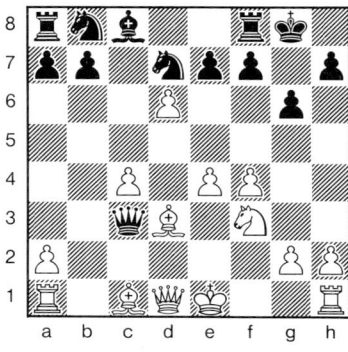

8 | 7 | 6 | 5 | 4 | 3 | 2 | 1
a b c d e f g h

Weiß am Zug

Eröffnungen haben mit Abgeordneten, Speisefolgen, Standorten und Telefonnummern gemeinsam, daß sie gewählt werden. Wer aber wählt, Weiß oder Schwarz? Kein Laie kapiert dieses Wahlrecht. Das liegt an der Nomenklatur, die fast so kompliziert ist wie die europäische Agrarpolitik und deshalb nur in zwei bis drei ruhigen Stunden begriffen werden kann, bei gutem Willen, schlechtem Wetter und einer Kanne Tee. Zieht Weiß 1. e4, so hat er irgendeine Königsbauereröffnung gewählt, aber keine bestimmte, bekannte, benannte. Mit 1. e4 c5 indes hat Schwarz Sizilianisch gewählt, mit 1.e4 e6 Französisch und mit 1. e4 c6 Caro-Kann. Zieht Schwarz auf e4 jedoch e5, so ist das terminologisch pure Wahlenthaltung, denn nun hat Weiß die Wahl zwischen der Wiener Partie (2. Sc3) und dem Königsgambit (2. f4). Höchstwahrscheinlich scheut auch Weiß die Wahl, spielt 2. Sf3 und überläßt es Schwarz, sich Russisch (2. ... Sf6) oder Philidor (2. ... d6) oder aber den viel-, also nichtssagenden Zug 2. ... Sc6 auszusuchen, der wiederum Weiß die Wahl läßt zwischen Schottisch (3. d4), Zweispringerspiel oder Italienisch (3. Lc4) und Spanisch (3. Lb5).

Da aber viele Spieler das Königsgambit verachten, die Wiener Partie nicht studiert haben, Schottisch belächeln und das Zweispringerspiel für altmodisch halten, liegt der Gegner, der mit Schwarz gern Spanisch spielt, subjektiv ganz richtig, wenn er sich einbildet, er habe diese Eröffnung mit seinem ersten Zug (e5) gewählt und nicht Weiß mit seinem dritten.

Darüber hinaus kennt der Experte das Phänomen der Zugumstellung, das vor allem bei Damenbauereröffnungen auftritt und eine verhältnismäßig späte Taufe erzwingt. Königsindisch kann so oder in umgekehrter Reihenfolge oder ganz anders zustande kommen und bleibt doch Königsindisch. Aus Freude an der Namengebung sind auch Unterbegriffe geprägt worden, in besagter Eröffnung etwa der Vierbauernangriff. Ihn kann Weiß wählen, vorausgesetzt, Schwarz war so wählerisch, ausgerechnet Königsindisch zu spielen. Wer trifft da die bessere Wahl? Bis zum 29. Januar 1986 (Wijk aan Zee) hieß es: Schwarz. Seitdem: vielleicht Weiß.

Weiß: Ljubojevic, Schwarz: van der Wiel – Königsindisch – 1. d4 Sf6 2. c4 g6 3. Sc3 Lg7 4. e4 d6 5. f4 0-0 6. Sf3 c5 7. dc5: Da5 8. Ld3 Sfd7 9. cd6: Lc3:+ 10. bc3: Dc3:+ (siehe Diagramm) 11. Dd2 (das Opfer, das sich auszahlte) Da1: 12. de7: Te8

13. e5 Sc6 14.0-0 Sd4 15. Lb2 Sf3:+ 16. gf3: Da2: 17. f5 Sc5 18. f6 Ld7 19. Le4 Kh8 20. Ld5 Le6 21. Ta1 Db3 22. Ta3 Db6 23. Kg2 Tac8 24. Ld4 Ld5: 25. cd5: Db1 26. Tc3 Sd3 27. Dd3: Da2+ 28. Kg1 Dd5: 29. La7: De6 30. Tc8: Dc8: 31. Kg2 h6 32. Le3 Kh7 33. Db3 Kg8 34. Lh6: Dc5 35. De3 De3: 36. Le3: b5 37. Lc5 Tc8 38. Kg3 g5 39. Kg4 Kh7 40. Kg5: Tg8+ 41. Kf5 Tb8 42. h4 Tc8 43. Lb4 Te8 44. h5 Ta8 45. f4 Tb8 46. Ld6 (Schwarz gab auf).

38. Auswendig lernen

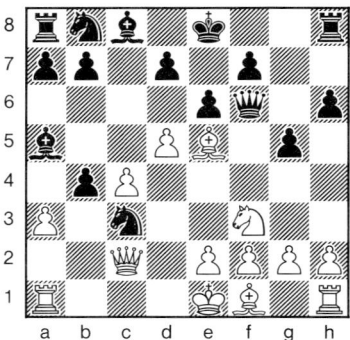

Schwarz am Zug

Plappert jemand die Redensart, Geld allein mache nicht glücklich, anstandslos nach, haben wir einen Menschen vor uns, der finanziell aus dem Gröbsten heraus ist und seine Altersversorgung in sicheren Händen weiß. Gibt der Sprecher durch die Entschiedenheit seines Tonfalls zu erkennen, daß der Gedanke von der Unzulänglichkeit des Reichtums auf eigenem Mist gewachsen ist, so wird es sich um einen Glückspilz handeln, dem der Steuerberater pro anno zehn Tage lang auf die Sprünge hilft und dem es wenig ausmacht, daß seine dänische Partnerin kein Olivenöl mag, und deshalb sein Landhaus in der Toskana bis auf weiteres unbenutzt dasteht. Wenn aber am offenen Ka-

min in traulichem Gespräch mit samtener Stimme der Geheimtip gegeben wird, Geld sei Larifari und der Pflege der inneren Werte geradezu abträglich, dann sitzt am Kamin ein Multimillionär.

Wie die unbemittelten Leute vom Geld in seinen mannigfachen Erscheinungsformen, haben die schwachen Spieler von einem ausgefeilten Eröffnungsrepertoire die höchste Meinung. Hingegen verrät sich der Kenner der Materie durch die Geringschätzung, mit der er von ihr spricht. Es komme, wird er säuseln, auf gesunde Prinzipien an und nicht auf die geistige Programmierung des zwölften Zuges in einer Anmerkung zum neunten Zug im Abspiel römisch zwo des Leningrader Systems der nimzoindischen Verteidigung. Dabei schleppt der Verächter auswendig gelernter Zugfolgen in seinem Spezialistenköpfchen die Pointe herum, die sich nach 1. d4 Sf6 2. c4 e6 3. Sc3 Lb4 4. Lg5 h6 5. Lh4 c5 6. d5 g5 7. Lg3 Se4 8. Dc2 Df6 9. Sf3 (statt richtig Tc1) Sc3: 10. a3 La5 11. b4 cb4: 12. Le5 (siehe Diagramm) ergibt und Schwarz Vorteil verschafft. Den kleinen, feinen (welchen?) Zug verrät der Fachmann nicht, denn er lobt und preist Grundsätze. Er hat, wie der Krösus, recht und schwindelt trotzdem.

39. Auf den Einfall warten

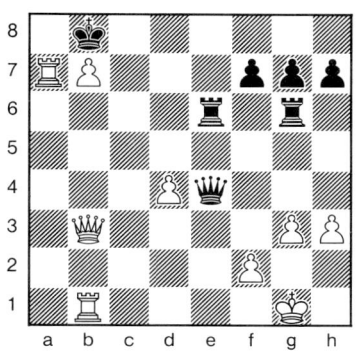

Schwarz am Zug

Es ist nicht angenehm, dazusitzen und zu verlieren. Auf das Brett zu starren und auf ein Wunder zu hoffen. Zu fühlen, wie die Wangen rot werden oder die Ohren. Die Überzeugung des lässig herumschlendernden Gegners zu teilen, die Arbeit sei getan. Genau zu spüren, wie hinter dem Rücken irgendein Widerling steht, der die Kapitulation im voraus genießt. Zu erleben, daß die Freunde höchstens fünf Sekunden lang die Stellung studieren, wo doch jede Rettungsmöglichkeit, wäre nur eine vorhanden, mindestens fünfzehn Sekunden lang überprüft werden müßte.

In seiner Verzweiflung sehnt sich der Spieler nach Höherem. Er lechzt nach dem genialen Einfall, einer Idee, so überwältigend, daß der gewöhnliche Gegner, der normale Widerling und der übliche Freund auf sie schwerlich hätten kommen können. Mehr will der Spieler im Augenblick vom Schicksal nicht verlangen, dies eine aber mit Inbrunst.

In aller Regel bleibt solche Sehnsucht ungestillt: der Spieler gesteht jetzt oder gleich seine Niederlage ein, und die Erde dreht sich weiter. Erich Eliskases aber wurde, Mar del Plata, 1949, von der Muse geküßt – von welcher, sollen die Gräzisten untereinander ausmachen. Der Israeli Czerniak (Weiß) dachte vielleicht, gegen die Drohung Ta8+ sei kein Kraut gewachsen. Irrtum. Ich muß, überlegte der geküßte Erich, ewig Schach bieten, dann ist Remis, welche Materialüberlegenheit auch immer Weiß noch haben mag.

Schwarz opferte also (wie?) zwei wertvolle Besitzstücke und schritt dann zur Dauerbelästigung des weißen Königs.

40. Vergiften und nötigen

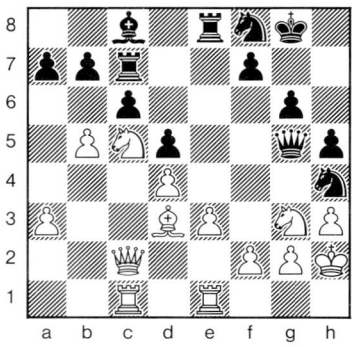

Schwarz am Zug

Wo ein Siegeswille ist, ist auch ein Siegesweg, doch sieht ihn nicht jeder. Deshalb versenken sich sogar als dynamisch verschriene Spieler erst einmal mit Schafsgeduld in die Stellung. Tief versinken sie im Dschungel der Wirkungslinien und erkennen plötzlich, wie der Springer von g3 nach g4 gelangen könnte, nämlich über f5, h6, f7 und e5. Bei völliger Versunkenheit haben sie zwar kein Brett vor dem Kopf, doch eines vor den Augen und während der Sitzfleischlüftung vor dem inneren Blick. Es ist deshalb unfein, den Meister anzureden, wenn er somnambul durch die Halle schleicht, doppelt unfein, seinen inneren Blick in einen äußeren zu verwandeln, etwa durch die leibhaftige Präsentation einer von ihm seit fünf Monaten nicht mehr wahrgenommenen Geliebten.

Dank einem Buch und einem Film, die »Im Namen der Sumpfblüte« heißen sollten, hat es sich endlich unter den Weltkindern herumgesprochen, wie es im Kloster zugeht. Mindestens so schlimm und interessant sind die Zustände im hermetischen Geviert des Schachbretts. Mord und Totschlag, Betrug und Nötigung, Fallen und durchaus auch Gift – siehe die vergifteten Bauern. Und die Lust fehlt keineswegs. Diese darf nicht mit dem ordinä25ren Triumphgefühl verwechselt werden, das die Brust erfüllt, wenn der Gegner mit umwölkter Stirne die Hand zum Kapitulationsdruck ausstreckt. Die Zeit der Lust sind die Momente, in denen das bislang geschlossene Spiel sich öffnet, die aufgestauten Kräfte freigesetzt werden und die Reserven sich über das ganze Brett ergießen.

»Schach ist Leben«, sagte Bobby Fischer und hielt es somit für unnötig, über den Tellerrand zu blicken. Ist ja auch jenseits der 64 Felder selten etwas zu erkennen, was den Mund wäßrig und das Herz froh macht. Gesellschaftliche Verhältnisse, die zu wünschen übriglassen, zumal Diktaturen, sind dem Schach besonders günstig. Unzählige Sowjetmenschen empfinden das Bedürfnis, den realen Sozialismus aus den Augen zu verlieren und fünf Stunden lang auf eine aristokratische Ersatzwelt zu starren.

Weiß: Karpow, Schwarz: Beljawsky – Damengambit – 1. d4 d5 2. c4 e6 3. Sc3 Sf6 4. cd5: ed5: 5. Lg5 Le7 6. e3 c6 7. Ld3 Sbd7 8. Sf3 0-0 9.0-0 Te8 10. Dc2 Sf8 11. h3 Le6 12. Lf4 Ld6 13. Ld6: Dd6: 14. a3 De7 15. b4 Tac8 16. Tfc1 S6d7 17. Se2 Sg6 18. Sg3 Sdf8 19. Sd2 Sh4 20. Sb3 Dg5 21. Kh2 Tc7 22. Sc5 Lc8 23. Te1 g6 24. Tac1 h5 25. b5 (siehe Diagramm) Sg2: 26. Kg2: h4 27. bc6:

hg3: 28. fg3: Te3: 29. Te3: De3: 30. cb7: Lb7: 31. Dc3 Tc5: 32. Dc5: Dd3: 33. Dc3 De2+ 34. Kg1 Se6 35. Te1 Sd4: 36. Kh1 Sb5 (Weiß gab auf).

Damit gewann Beljawsky 1986 eine Partie gegen und das ganze Tilburger Interpolis-Turnier zwei Ränge vor Karpow.

41. Nicht zu hoch vom Gegner denken

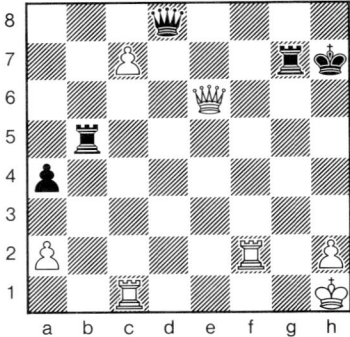

Schwarz am Zug

Selbstverständlich hätte Tartakower, als es ihm darum ging, den hinter allen Fehlern steckenden Fehler, den Grund- oder Urfehler namhaft zu machen, die »Unterschätzung des Gegners« nennen können. Alle Schmalspurpsychologen und Zeigefingerpädagogen, alle Langweiler und Auf-dem-Teppich-Bleiber hätten ihm mit einem ernsten Seufzer freudig zugestimmt. Gerade deshalb bezeichnete er die »Überschätzung des Gegners« als den Fehler der Fehler und erklärte, »alles andere«, und das ist viel, sei »Unglück oder Schwäche«. Tartakowers stilistisches Rezept: Nimm eine richtige Erkenntnis und behaupte schlankweg das Gegenteil. Sagen die Leute, Kasimir sei blitzgescheit, ist es

an der Zeit zu unterstellen, er sei strohdumm. Die Leute werden verdutzt nachdenken, Kasimir in einem neuen Licht erblicken und prompt die eine oder andere Dummheit entdecken.

Und plötzlich merkt der Schachspieler, daß Hochachtung seine Willensfreiheit eingeschränkt hat. Instinktiv fand er, zu einem schwächeren Gegner, also zu ihm selber, paßten im Sinne einer Harmonie von Leben und Werk die schwächeren Züge. Hätte Martinovic im Juli 1985 Anthony Miles nicht für einen großen Taktiker, sondern für einen großen Esel gehalten, wäre ihm (siehe Diagramm) ohne weiteres aufgefallen, daß der letzte Zug von Weiß, 44. c7, (warum?) der Bock der Böcke war. Statt dessen überschätzte er, schlug 44. ... Tc7: und verlor (wie?) sofort. Der vorletzte Fehler, sagten die alten Hasen schon immer, gewinnt.

42. Familienschach bieten

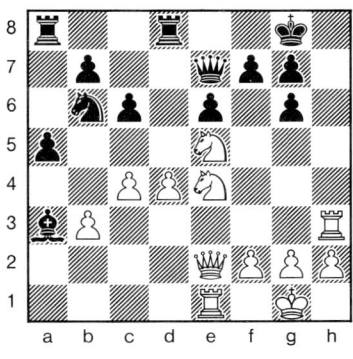

Weiß am Zug

Ob das Bundesministerium für Jugend, Familie und Gesundheit vor dem Irrtum gefeit ist, eines Tages das Familienschach zu fördern? Jeder gute Spieler weicht dem Familienschach aus, und wenn er ihm nicht mehr entrinnen kann, gesteht er seine Niederlage ein. Wenn nämlich ein Springer nicht nur dem König, sondern auch dessen Familie, zumal der Dame, Schach bietet, dann mag zwar der König zur Seite treten, muß aber sein bestes Stück im Stich lassen. Um solche Doppelbedrohung zu vermeiden, billigt es mancher Mann, daß seine Frau zwar in Begleitung, doch ohne ihn in die Sommerfrische fliegt – stürzt die Maschine ab, so ist wenigstens er gerettet. Er ist es auch, wenn er

pleite macht, Gütertrennung hat und von seiner reich gebliebenen Frau immer noch geliebt wird, denn da muß das Finanzamt auf ein Familienschach verzichten.

Zu einer Zeit, als die meisten Familien intakt waren, hat (siehe Diagramm) Yates einen seiner weißen Springer auf ein (welches?) Feld gestellt, das im Wirkungsbereich der schwarzen Dame lag. Reti hätte jetzt den Springer wohl oder übel schlagen müssen, doch da er ein guter Spieler im Sinne des ersten Absatzes war, gab er auf. Ein Familienschach wie das (welches?), vor dem Reti graute, ist deshalb so unangenehm, weil sich kein Familienmitglied vor das andere werfen kann und alle wehrlos herumstehen. Nur Pilze sind noch gefährlicher.

43. Sich um ein Feld streiten

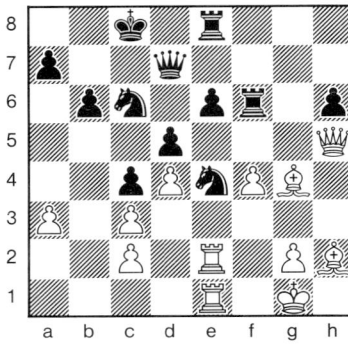

Weiß am Zug

Weiß: Short, Schwarz: Timman – Französisch – 1. e4 e6 2. d4 d5 3. Sc3 Lb4 4. e5 c5 5. a3 Lc3:+ 6. bc3: Se7 7. Sf3 Da5 8. Dd2 Ld7 9. Tb1 Lc6 10. Ld3 Sd7 11.0-0 c4 12. Le2 h6 13. h4 0-0-0 14. Ld1 f5 15. ef6: Sf6: 16. De1 Se4 17. Tb4 Thf8 18. Se5 Dc7 19. Lg4 Tf6 20. f3 Sd6 21. Lh3 Ld7 22. Tf2 Sc6 23. Tb1 Sf7 24. Sd7: Dd7: 25. Lf4 g5 26. Te2 Te8 27. Lh2 gh4: 28. Dh4: Sg5 29. Lg4 Dg7 30. Tbe1 b6 31. Dh5 Dd7 32. f4 Se4 (siehe Diagramm) 33. Te4: de4: 34. d5 Sd8 35. De5 Tf5 36. de6: Dd2 37. De4: Td5 38. e7+ Kc7 39. f5+ (Schwarz gab auf).

Wie manche aufreibende Konversation stundenlang um ein Thema kreist, drehte sich die aufreibende Partie Short – Timman, Reykjavik 1987, hartnäckig um das eine Feld e6. Die monomane Taktik, immer wieder auf denselben Punkt zurückzukommen, haben Fachsimpel, Idealisten, Egozentriker und Schachspieler seit alters mit großem Erfolg erprobt. Es gelang, ganzen Abendgesellschaften den Abend zu verderben und Stellungen zu unterminieren, die so solid waren wie die französische von Timman.

Selbst wer von seinen eigenen Auffassungen die Meinung hegt, nur sie seien mitteilenswert und erörterungswürdig, wird nicht gleich mit der Tür ins Haus fallen, denn erst muß er wissen, für welche seiner tiefen Überzeugungen ein Stichwort fällt. Auch Nigel Short konnte in den ersten zwanzig Minuten noch nicht ahnen, auf welches der vielen Felder des Brettes er sich kaprizieren werde. Kaum aber unterlief – wie anderen ahnungslosen Partnern ein unbedachtes Wort – Timman ein unbedachter Zug (15. ... Sf6:), setzte Short den Bohrer an, unbekümmert um die Schrulligkeit von 16. De1.

Timman blieb nichts anderes übrig, als wacker zu widersprechen. Gute Freunde erteilen manchmal den weltfremden Rat, gewisse Anzüglichkeiten einfach zu ignorieren. Aber es gibt Angriffe, die lassen sich nicht ignorieren, am wenigsten der auf das Feld e6. Doch schon sitzt der Gegner in der Tinte: Auf sein Argument folgt ein Gegenargument, auf sein Antigegenargument ein Kontraantigegenargument.

Timman unternahm den ebenso in Gesprächsrunden beliebten, aber wirkungslosen Versuch, die Diskussion (mit 25. ... g5) auf ein anderes Gleis zu bringen, doch da kannte er seinen Spielverderber schlecht. Feld e6 war und blieb das Thema. Da kam Timman auf die Idee, auf die kurz vor dem Nervenzusammenbruch schon mancher Diskussionsteilnehmer gekommen ist: der

weiteren Diskussion einfach einen Riegel vorzuschieben. Deshalb 32. ... Se4. Das ist gewöhnlich der Augenblick, in dem der Rechthaber zeigen kann, daß er in Hochform ist. Short (siehe Diagramm) zerbrach den Riegel kurzerhand. An e6, dem Feld seines ersten Zuges, ging Timman zugrunde. Der Gedanke, es handle sich deshalb um eine echt französische Niederlage, ist hübsch, aber sonst nur symbolisch.

44. Präzis sein und Geduld haben

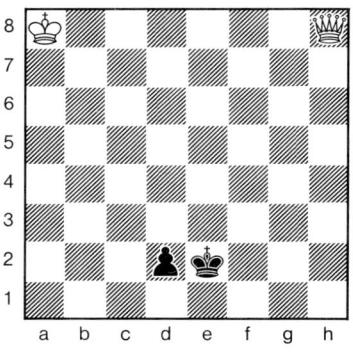

Weiß am Zug

Wie immer es auch im wirklichen Leben sein mag – im Schach ist ein König mit Dame besser dran als ein König mit Bauer. Insofern könnte jeder bessere Anfänger mit dem Messer an das Frühstücksei klopfen, einen unausgeschlafenen Blick auf die Stellung werfen und die Aufgabe gelöst haben, bevor der Löffel in den Dotter dringt. Auf unserem Diagramm aber hat der Bauer schon Karriere gemacht und steht kurz vor der Geschlechtsumwandlung. Schwarz braucht, um zu remisieren, nur noch einen Zug, Weiß hingegen, um trotzdem zu gewinnen, mindestens noch eine Tasse Kaffee.

Weiß kann natürlich bis zum Mittagessen Schach bieten, doch ein Gewinnweg ist das nicht. Weiß könnte auch, den letzten Brötchenrest zwischen den Zähnen, die Geduld verlieren und mit der Amazone den Bauern schlagen, doch ist dann Remis, weil der schwarze König sofort zurückschlägt. Alles wäre anders, wenn sich die weiße Dame in Begleitung ihres Kavaliers befände. Bis dieser jedoch aus seinem Winkel zum Kampfplatz getrottet ist, hat Schwarz jenen einen Zug längst ausgeführt. Das ist die Schwierigkeit.

Bei der kartesianischen Klarheit des Brettspiels ist die Beschreibung der Schwierigkeit identisch mit einem zarten Hinweis auf die Lösung. Also sollte sich, wann immer der weiße König trottet, der Bauer nicht vom Fleck bewegen. Um dies zu gewährleisten, ist eine Methode ausgeklügelt worden. Sie besteht allerdings nicht darin, die Zuckerzange wegzulegen und die weiße Dame auf Umwegen nach d1 zu bugsieren. Denn Schwarz braucht das nicht zuzulassen.

Der Gewinnweg ist verhältnismäßig lang. Glücklicherweise erübrigt es sich, sämtliche Züge zu fixieren. Es genügt, hinter die Methode (welche?) zu kommen und mit der Serviette ein letztes Mal die Lippen zu säubern.

45. Remisieren

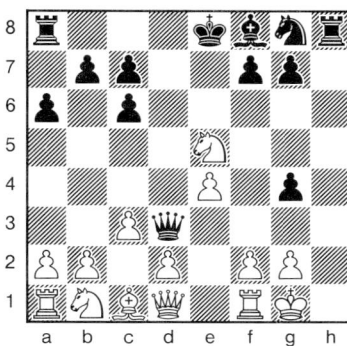

Schwarz am Zug

Unter uns Schachspielern gesagt: Womit wir den Rest der Menschheit wirklich verblüffen, womit wir zu geheimnisumwitterten Gestalten werden, ist nicht die Gedankenakrobatik oder das Matt in drei Zügen. Es ist das Remis, zumal das freiwillige. Alle leben und weben in den Kategorien von Sieg und Niederlage: die Körpersportler sowieso, aber auch die Politiker und ihre Gegenstücke, die Schönheitsköniginnen. Allerdings sind Bereitschaft und Fähigkeit zum Remis ein Zeichen kombinatorischer Reife. Beim Garten- oder Kaffeehausschach benehmen sich manche Leute leider wie beim Poker und wollen unbedingt verlieren, wenn sie schon nicht gewinnen können.

Im Laienpublikum weckt das Remis Argwohn. So sind eben die Leute: Alle schreien nach Frieden, und wenn wir ihn schließen, zumal bei vollem Brett, wittern sie Unrat. Vielleicht glauben sie, Remis nach sechzehn Zügen bedeute die Einführung der Fünfunddreißig-Stunden-Woche auf kaltem Wege. Dabei handelt es sich nur um die Realisierung der Volksweisheit, daß der Spatz in der Hand besser sei als die Taube auf dem Dach. Den Spatzen zu kriegen, will übrigens auch gelernt sein, wie denn Bent Larsen sich einmal zu dem ernsten Scherz versteigen hat, er wisse gar nicht, wie man remisiere. Oho, manchmal geht es sogar mit Gewalt. In der Abtauschvariante der Spanischen Partie folgt auf 1. e4 e5 2. Sf3 Sc6 3. Lb5 a6 4. Lc6: dc6: 5. 0-0 Lg4 womöglich 6. h3 h5 7. c3 Dd3 8. hg4: hg4: 9. Se5: (siehe Diagramm). Wie nun kann Schwarz Remis machen, wenn beide es darauf anlegen oder Weiß es nicht merkt?

46. Rechtzeitig aufgeben

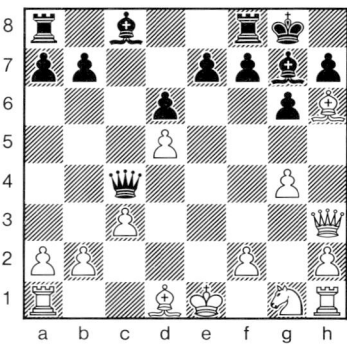

Schlußstellung

An Eides Statt ist schon behauptet worden, daß die großen Könner, wenn sie es denn schon einmal verlieren müssen, in der Regel rechtzeitig aufgeben und nicht, wie mancher Laie denkt, zu früh. Für eine Ausnahme von der Regel sorgte 1920 in Göteborg ein Ukrainer, der nach Deutschland emigriert war, wo er dann lebte, heiratete und starb. »Wenn ich Weiß habe, gewinne ich, weil ich Weiß habe«, sagte er mit empirisch gerechtfertigter Überheblichkeit, »wenn ich aber Schwarz habe, gewinne ich, weil ich ich bin.« Unter diesem Gesichtspunkt hätte er über Jacques Mieses unbedingt obsiegen müssen. Dieser Methusalem des Schachs spielte sechzig Jahre lang Turniere, liebte halsbrecherische Eröffnungen sowie in Amerika die Metathese: »Are you Mister Maises?« – »No, I am Meister Mieses.«

Nach 1. e4 c5 2. d4 cd4 3. Dd4: Sc6 4. De3 g6 5. Sc3 Lg7 6. Le2 d6 7. Ld2 Sf6 8. Sd5 Sd5: 9. ed5 Sd4 10. Ld1 Dc7 11. c3 Sf5 12. Dd3 0-0 13. g4 Sh6 14. Dh3 dachte sich der Ukrainer etwas Richtiges aus und zog Dc4. Nach 15. Lh6: aber (siehe Diagramm) kam es ihm so vor, als habe er sich etwas Falsches ausgedacht, weshalb er seinem Gegner freiwillig einen vollen Punkt abtrat.

Dabei war der einzige Fehler von Schwarz die Kapitulation. Hätte der Verlierer auch diesmal »ich bin ich« gesagt und seinen Gegenangriff gestartet, hätte er zwar den befürchteten 17. Zug von Weiß einstecken müssen (welchen?), wäre dann aber wahrscheinlich auf die rettende Idee (welche?) und zu annehmbarem Spiel gekommen.

47. Das Handwerkszeug vergessen

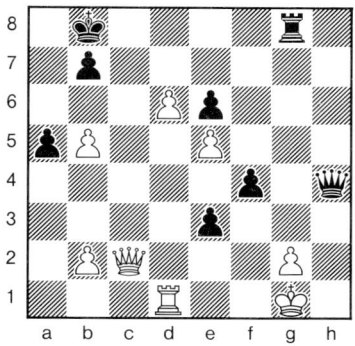

Schwarz am Zug

Phantasie ist manchmal schrecklich. Schachfiguren gibt es, die kann man nicht brauchen, die kann man nur sammeln. Ein Elefant mit Thronsessel und Pascha lähmt jeden strategischen Gedanken. Ein als Bischof verkleideter Läufer schwächt die Kombinationskraft. Zweimal acht Landsknechte erschweren den Überblick. Doch auch der Bauer als Würfel und der König als Kegelstumpf verwirren den, der siegen will. Dabei hat 1830 Nathaniel Cook ein für allemal die gültigen Erscheinungsformen geschaffen. Von ihm stammt der leicht stilisierte Pferdekopf, die eine Bischofsmütze symbolisierende Kerbe im Läufer und die nicht ungefällige, wenngleich total abstrakte Dame. Der entscheidende Vorzug dieser Kreationen aber ist, daß sie als Kunstprodukte nun keines Spielers Aufmerksamkeit mehr beanspruchen.

Bevor jemand über solche Gewöhnung die Nase rümpft, möge er sich vor Augen halten, wie angenehm es ist, wenn der Koch mehr an die Speise denkt als an den Kochlöffel und der Friseur mehr an das Haupthaar als an die Schere. Allerdings ist das Handwerkszeug der Großmeister zwar von Cook entworfen, später jedoch aus Reklamegründen nach einem berühmten Engländer benannt worden. Ein überzeugenderer Markenname wäre kaum zu finden gewesen. Der ihn als Person trug, hatte die erste britische Schachzeitung gegründet und für sie forsche Leitartikel und fingierte Leserbriefe verfaßt. Er (wer?) hatte auch einmal aus der Diagrammstellung heraus den Kontinentaleuropäer Pierre Saint-Amant besiegt. Schwarz griff an (wie?), Weiß beging einen verständlichen, aber schweren Fehler, Schwarz nutzte diesen aus, und Weiß gab auf.

Als sich plötzlich die Niederlagen häuften, wechselte der lebenstüchtige Brite die Beschäftigung und wurde Shakespeare-Forscher. Er hatte gehört, daß in der Anglistik niemand geschlagen werden kann.

48. Gezielt farben-
blind sein

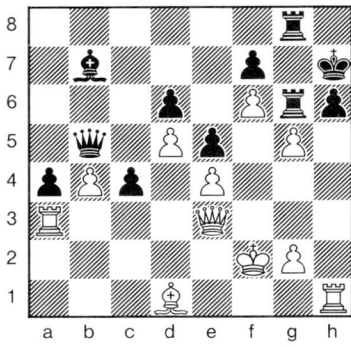

Weiß am Zug

Die Farben an den Masten sind schwarz-rot-gelb. Die Farben der Paulskirche und des Grundgesetzes sind selbstverständlich schwarz-rot-gold, doch die Fahnenfabrikanten halten sich nicht ganz daran. Denn Gold ist ein Metall und so teuer, daß selbst die betuchte Bundesrepublik darauf verzichtet, ein Drittel eines jeden Fahnentuchs mit Blattgold zu bedecken. Daher unsere gezielte Farbenblindheit. Wir sehen Gelb und wissen es besser.

Im Schach kämpft Schwarz angeblich gegen Weiß. Manche Produzenten nehmen das für bare Münze und bringen abscheuliches Spielmaterial auf den Markt. Die weißen Figuren indes, die der Holznorm entsprechen, sind weder schnee- noch kalk-, noch blütenweiß, sondern hellbraun. Es ist die Farbe des Kaffees, in den zuviel Sahne geträufelt wurde, während die schwarzen Steine von der Farbe des Kaffees sind, in den zuwenig Sahne geträufelt wurde. Entsprechend kontrastarm sind die weißen und schwarzen Felder, die sich nur der Ästhetik und der Läufer wegen zu dem auch bei Schachmuffeln beliebten Muster fügen. Ohnehin haben die Felder vieles gemein, etwa die Bereitschaft, je nach Strategie und Taktik stark oder schwach zu werden.

So weiß wie die Weste oder der Fleck auf der Landkarte sind die weißen Steine auch deshalb nicht, weil sie nicht mehr das Licht repräsentieren, das gegen die Finsternis kämpft. Im Turnierschach hat jeder Lump und jeder Ehrenmann per saldo ebensooft Weiß wie Schwarz. Jeder hat auch Eröffnungsvarianten auf Lager, die er von beiden Seiten des Bretts gerne ansteuert. Bei Karpow ist das der geschlossene Spanier, eine schwerblütige Erscheinung.

Weiß: Sokolow, Schwarz: Karpow – Spanisch – 1. e4 e5 2. Sf3 Sc6 3. Lb5 a6 4. La4 Sf6 5. 0-0 Le7 6. Te1 b5 7. Lb3 d6 8. c3 0-0 9. h3 Lb7 10. d4 Te8 11. Sg5 Tf8 12. Sf3 Te8 13. Sbd2 Lf8 14. Lc2 Sb8 15. a4 c5 16. d5 Sbd7 17. b4 c4 18. Sf1 Sh5 19. S3 h2 g6 20. Le3 Le7 21. Dd2 Tf8 22. Lh6 Sg7 23. Sg3 Kh8 24. Sg4 Sf6 25. Sf6: Lf6: 26. Tf1 Dd7 27. f4 a5 28. f5 ab4: 29. cb4: ba4: 30. Tf3 Kg8 31. Df2 Lh4 32. Lg7: Lg3: 33. Tg3: Kg7: 34. f6+ Kh8 35. Tga3 Db5 36. De3 Tg8 37. h4 g5 38. hg5: Tg6 39. Kf2 h6 40. Th1 Kh7 41. Ld1 Tag8 (siehe Diagramm) 42. Dh3 Th8 43. Lh5 (Schwarz gab auf).

Sokolow gewann 1986 die zähflüssige Partie, und das wiegt schwer. Karpow gewann im jugoslawischen Bugojno das Turnier, und das wiegt schwerer. Denn die sieben Gegner gehörten zu den fünfzehn besten Spielern der Welt.

49. Per Post spielen

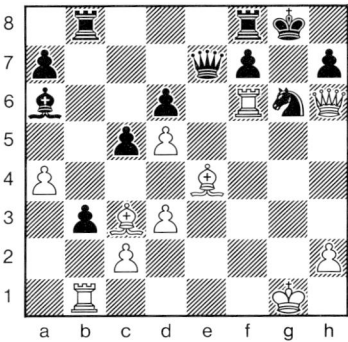

Weiß am Zug

Das normale Schach – Stirne gegen Stirne, Mundgeruch gegen Zigarettenqualm, Schuhspitze gegen Fußknöchel – vollzieht sich mit atemberaubender Geschwindigkeit: vierzig Züge in zweimal zweieinhalb Stunden. Tiefe Gedanken können bei solchem Tempo nicht gefaßt werden, argumentierten die Väter des Fernschachs und erfanden den Schlagabtausch per Post. Tagelang und überall, in der U-Bahn, in der Werkskantine, im Bett, im Badezimmer und im Campingwagen darf der Teilnehmer sich überlegen, ob er die List von vorvorgestern übermorgen mit Tücke oder mit Gewalt beantworten soll. Eduard Dyckhoff, unter den Propheten des Zeitlupenschachs der berühmteste, hat schon 1929 gelehrt, »daß man in jeder freien Minute das süße Rauschgift genießen kann«.

Die Dauerkunden der Post wälzen Eröffnungswerke, bis diese aus dem Leim gehen, tippen auf dem Computer herum, bis dieser durchschmilzt, und vernachlässigen ihre Frau, bis diese zu einem Nahschachspieler überläuft. Die Angehörigen verschiedener Völker verständigen sich kurz und bündig und lernen einander verstehen, weil sonst keiner den anderen schlagen könnte. So verstand der Brite Walters den Polen Barwinski (siehe Diagramm), setzte mit einer Bosheit von Weiß die Korrespondenz fort (welcher?) und entnahm nach Nächten der Hoffnung seinem Briefkasten die Kapitulation von Schwarz. »Ein eleganter Mattangriff«, schrieb Ludwig Steinkohl, der genau wußte, daß die gemütlichsten Eisenbahnen am heftigsten bimmeln, und deshalb sein einschlägiges Buch »Faszination Fernschach« betitelte.

50. Geistiges Eigentum stehlen

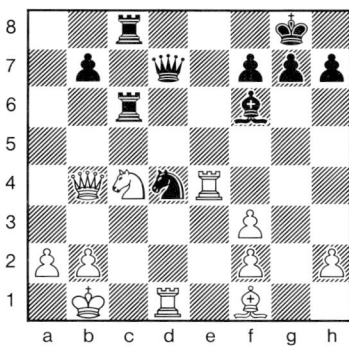

Weiß am Zug

Lyriker haben ihre Einfälle, und Schachspieler auch, doch folgenlos verhallt seit Jahrzehnten die Forderung, die zweiunddreißig Züge einer schönen Partie urheberrechtlich ebenso zu schützen wie die zweiunddreißig Verse eines mittelprächtigen Gedichts. Viele Menschen guten Willens und schwachen Einflusses begreifen den Kummer der Kombinatoriker, äußern sich verständnisinnig und rechnen fest damit, daß alles beim alten bleibt.

Die Unlust der Juristen, sich der Spieler zu erbarmen, beruht auf der Verworrenheit geistiger Eigentumsverhältnisse im Schach. Jede Partie hat zwei Autoren, jede publikumswirksame einen dümmeren und einen klügeren, die jedoch insofern aufeinander angewiesen sind, als der eine nur dann zu seiner Brillanz gelangt, wenn der andere dafür die Hälfte der Voraussetzungen geschaffen hat. Ferner sind alle erfolgreichen Spieler Plagiatoren und auch noch stolz darauf. Ohne das leiseste Gefühl einer finanziellen Verpflichtung beherzigen sie die Eröffnungstheorie und -praxis der Altmeister, von denen einige noch leben und für eine Zuwendung durchaus dankbar wären. Aus Freude am Leichtsinn und an der Metapher ist in der Literatur sogar von »Patenten« die Rede. Wehe den Aktiven, sollten die Patentämter davon Wind bekommen.

Vollends unbezahlbar ist ein Geistesprodukt des Trios Short, Miles and Nunn (siehe Diagramm). Während der Britischen Meisterschaft, Brighton 1984, spielte Short gegen Miles 22. a3 Td8 23. Sa5 Te6 24. Lh3 – doch ist das nicht das Thema. Vielmehr schufen beide den Gedanken 22. Sb6, dem Short wegen 22. ... Se2 23. Le2: Dd1:+ oder 23. Sd7: Tc1+ ein Ende bereitete, den Nunn aber in der Analyse wiederbelebte, einer »phantastischen« weißen Fortsetzung wegen. Sie (welche?) bezeichnete Nunn in den »Deutschen Schachblättern« als schönheitspreiswürdig.

51. Mit Computern auskommen

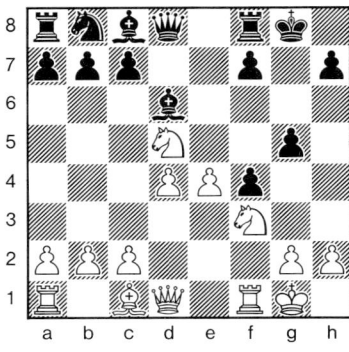

Weiß am Zug

Mit den Schachcomputern geht es abwärts. Noch vor einiger Zeit hatte das Publikum Respekt vor den hechelnden Rechnern und glaubte, bald werde »der Mensch« aus Minderwertigkeitskomplexen das Schachbrett an den Nagel hängen. Wer damals eingeladen war, brauchte nicht mehr die Kinder des Hausherrn goldig zu finden, sondern mußte nur noch die Kunststükke des gerade angeschafften Computers bestaunen. Fernsehkrimi-Autoren, die eine besonders diabolische Gestalt schaffen wollten und nicht recht wußten, wie, führten besagtes Tasteninstrument in die Handlung ein.

Plötzlich aber schwanden Furcht und Ehrfurcht – oder wie ein in der Computerkunde bewanderter Brite die Humandenker tröstete: »Auch Autos sind schneller als Menschen, und trotzdem gibt es nicht weniger Hundertmeterläufer als früher.« Väter spielten eines Tages wieder von Mann zu Mann oder mit der elektrischen Eisenbahn. Großmeister äußerten sich nicht mehr wie das Orakel von Delphi, sondern mit der Zuversicht von Hundertmeterläufern. Frauen waren nicht länger auf Computer, sondern wieder auf Frauen eifersüchtig. Das Wichtigste: Jetzt ist diverse Computer-Literatur in den Buchhandlungen erhältlich, und zwar nicht in piekfeinem Englisch, sondern in ganz gewöhnlichem Deutsch. Manche Kapitel sind schon ausgesprochen despektierlich abgefaßt, so in einem Ton von oben.

Da hat ein Verlag die Stirn, von seinem Autor, einem armseligen Menschenwesen, zu behaupten: »Vor allem aber zeigt er, wie Schach-Computer besiegt werden« – und das auch noch in Fettdruck. Sogar auf Taschenbuch-Ebene wird »der Mensch« strategisch und moralisch aufgerüstet: positionell spielen, bloß keine Komplikationen, möglichst Endspiele ansteuern! Dem Büchlein mit dem kühlen Titel »Computerschach« entnehmen wir, daß 1978 eine Maschine von einem Homo sapiens namens Fischer besiegt wurde. Ja, ist denn das die Möglichkeit? Tatsächlich, es war der längst schon abgeschriebene Bobby. Er hat mal wieder kombiniert, durchaus zu unserer Zufriedenheit.

Weiß: Fischer, Schwarz: Computer – Königsgambit – 1. e4 e5 2. f4 ef4 3. Lc4 d5 4. Ld5: Sf6 5. Sc3 Lb4 6. Sf3 0-0 7. 0-0 Sd5: 8. Sd5: Ld6 9. d4 g5 (siehe Diagramm) 10. Sg5: Dg5: 11. e5 Lh3 12. Tf2 Le5: 13. de5 c6 14. Lf4: Dg7 15. Sf6+ Kh8 16. Dh5 Td8 17. Dh3: Sa6 18. Tf3 Dg6 19. Tc1 Kg7 20. Tg3 Th8 21. Dh6 matt.

Der Computer machte zwei kleine Fehler und zwei große. Die kleinen: das Versäumnis 6. ... Lc3: und der 9. Zug. Die großen: er gab nicht rechtzeitig auf und vergaß vor allem, schamrot zu werden.

52. Über Frauen nachdenken

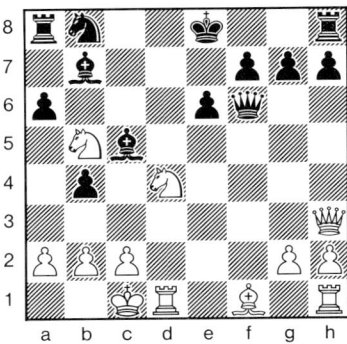

Weiß am Zug

Maja Tschiburdanidse, weiblicher Weltmeister, beteiligte sich an einem gut besetzten Turnier, remisierte achtmal, gewann dreimal und verlor sechsmal. Anatol Karpow, männlicher Weltmeister, beteiligte sich an einem anderen gut besetzten Turnier, remisierte siebenmal, gewann viermal und verlor zweimal. Die »Deutschen Schachblätter« über Karpows persönliche Wetterlage: »Ein Tief«. Dasselbe Fachblatt über Tschiburdanidse, die nicht wie ihr Kollege auf Platz 5, sondern auf Platz 14 landete: »Die Weltmeisterin schlug sich sehr wacker.«

Jeder Kommentator würde ähnlich urteilen wie die genannten Blätter. Aus Galanterie? I wo. Aus Inkonsequenz? Aber nein. Maja hatte sich an einer Herrenkonkurrenz beteiligt, und da hätte man ihr noch auf die Schulter geklopft, wenn sie Letzte geworden wäre. So denken Schachmenschen über Schachspielerinnen.

Sie denken übrigens zutreffend, denn die besten Frauen kombinieren, wie die Empirie beweist, schwächer als die besten Männer. Die Bitte um eine Begründung, die einerseits der Zunft gerecht wird, andererseits nicht nach Schopenhauer schmeckt, ist ein probates Mittel, einen Sachverständigen in

Verlegenheit zu bringen. Dieser wird dreimal schlucken, ein wenig stottern, schließlich aber eine die Frauen ehrende Erklärung finden.

Oh, die Frauen könnten schon, wenn sie wollten. Aber sie wollen nicht, vermutlich weil sie weniger stur und einseitig sind als die Mannsbilder. Nach Herrenart Schach und nichts als Schach im Kopf zu haben samt der faden Theorie, die auf dem Bücherregal zwei Meter dreißig in der Breite mißt – das ist einer begabten Frau nicht zu schwierig, sondern zu blöd.

Übrigens hat Maja in der 48. Landesmeisterschaft der UdSSR als Vierzehnte Großmeister Tukmakow geschlagen, der Sechzehnter wurde und ein Mann ist.

Weiß: Tschiburdanidse, Schwarz: Tukmakow – Sizilianisch – 1. e4 c5 2. Sf3 d6 3. d4 cd4 4. Sd4: Sf6 5. Sc3 a6 6. Lg5 e6 7. f4 Dc7 8. Df3 b5 9. 0-0-0 b4 10. e5 Lb7 11. Dh3 de5 12. fe5 De5: 13. Lf6: Df6: 14. Scb5 Lc5 (siehe Diagramm) 15. Se6: ab5 16. Lb5:+ Sc6 17. Lc6:+ Lc6: 18. Sc7+ Kf8 19. Sa8: Df4+ 20. Kb1 Db8 21. Thf1 Le7 22. De6 (Schwarz gab auf).

Vielleicht hätte der Verlierer auf sich selbst hören sollen. Etwa ein Jahr zuvor hatte er die halsbrecherische Variante analysiert und dem Nachziehenden 13. ... gf6 angera-ten. Er meinte, Schwarz stünde jetzt sogar etwas besser. Aber auch so hätte seine Gegnerin wahrscheinlich nicht aufgehört, scharf zu kalkulieren.

IV. Schachweisheit – Lebensweisheit

53. Nahrhaftigkeit des Sieges

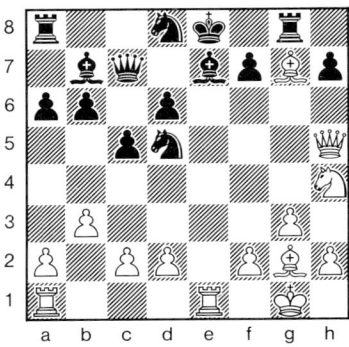

Schwarz am Zug

Beklage sich niemand, wenn der Geist willig, das Fleisch aber schwach ist. Denn Grund zur Sorge bestünde erst, wenn das Fleisch willig wäre und der Geist schwach. So reibe auch keiner den Berufsspielern unter die Nase, daß sie es mit der Kasteiung, der Keuschheit und dem Konsumverzicht nicht immer so halten, wie es ihrem durchgeistigten Fachgebiet entspräche. Schuld sind die Versuchungen. Hotels bieten Vollpension, mithin den Turnierteilnehmern, die in ihnen abgestiegen sind, zur Mittagszeit ein opulentes Mahl, das auf vier Stunden Verdauung Anspruch erhebt und die Arbeitsaufnahme am frühen Nachmittag erschwert. Abends wird die Getränkekarte gereicht, obwohl Botwinnik lehrte, daß Alkoholika den Mann am Steuer nicht so gefährden wie den Mann am Brett, der ihnen am besten erst dann zuspricht, wenn er sämtliche Titel verloren und auch sonst mit der Welt seinen Frieden gemacht hat. Unausrottbar ist die Qualmerei. Rauchst du nicht, raucht bestimmt dein Gegner. Nicht einmal das Bundesgesundheitsministerium hat die Harmonie, die zwischen Lungenzügen und Angriffszügen herrscht, nachhaltig zu stören vermocht. Nichtraucher bieten insofern ein abschreckendes Beispiel, als sie, nur um die Finger zu beschäftigen, gern an jenen gegnerischen Bauern fummeln, die sie bereits geschlagen haben.

Die Liebe lenkt ab, vor allem wenn sie so ist, wie sie sein soll, nämlich aufrichtig und groß. Wäre Romeo zu Caro-Kann, Tristan zum Turm-Endspiel fähig? Der Einfall, Frau Spassky nach Reykjavík zu schicken, damit ihr Mann Kräfte gegen Fischer sammle, war seinerzeit ein zweifelhaftes Kompliment. Hat nicht, als unter den Zuschauern eine Freundin auftauchte, der schier unbezwingbare Capablanca sofort einen kapitalen Bock geschossen? Somit bleibt von den körperlichen Genüssen nur der immer wieder wärmstens empfohlene Waldspaziergang. Leicht gesagt, doch meistens ist weit und breit kein Wald zu sehen. Auch für die 1985 im Bieler Kongreßhaus tätigen Spieler war das Kongreßhausrestaurant näher als der nächste Baumbestand. Also zurück zum Thema Nummer 1. Der Chef des Restaurants hatte für den Sieger einer bemerkenswerten Partie hundert Schweizer Franken sowie für ihn und den Verlierer ein Nachtessen gestiftet. Eine nahrhafte Idee, dieser sogenannte Torero-Preis, zumal Florin Gheorghiu enganliegende Hosen schätzt und deshalb auf Taille hält. Doch nach den

vielen Zinntellern mit gar nichts drauf brachte Geschnetzeltes ohne Zinnteller Abwechslung in die Geschichte der Preisverleihungen.

Weiß: Bücker, Schwarz: Gheorghiu – Sizilianisch – 1. e4 c5 2. b3 b6 3. Lb2 Lb7 4. Sc3 e6 5. Sf3 a6 6. g3 Sf6 7. De2 Sc6 8. Lg2 Dc7 9. 0-0 d6 10. Tfe1 Le7 11. Sd5 ed5: 12. ed5: Sd5: 13. Sh4 Sd8 14. Lg7: Tg8 15. Dh5 (siehe Diagramm) Sf4 16. Dh7: Tg7: 17. Dg7: Sg2: 18. Sf5 Se1: 19. Te1: Sc6 20. Dg8+ Kd7 21. Df7: Te8 22. Te6 Kd8 23. Sd6: Tf8 24. Dg6 Ld6: 25. Td6:+ Kc8 (Weiß gab auf).

54. Herzensbildung des Verlierers

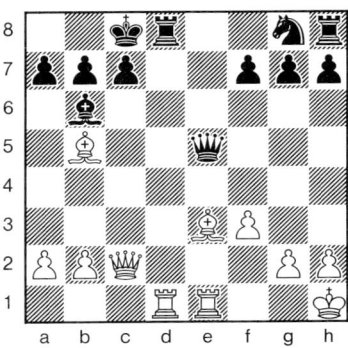

Weiß am Zug

Es ist ganz einfach, die Menschen glücklich zu machen. Man muß ihnen nur möglichst oft recht geben. Sie freuen sich natürlich auch über Geld und teure Geschenke, doch nicht viel weniger über die unumwundene Billigung ihrer krausen Gedanken und verworrenen Ansichten. Die Wohltat kostet nur zwei oder drei Worte, ist also extrem preisgünstig. Schachspielern eröffnet sich noch eine andere philanthropische Gelegenheit: Sie können ihren Gegner einfach gewinnen lassen. Kaum zu glauben, wie der sich freut.

Vor 135 Jahren verlor Adolph Anderssen, damals der beste Spieler der Welt, aus Jux und Herzensbildung gegen irgendeinen Wirt zur Post, der seinen Gast nicht kannte. Anderssen verlor sogar, als der Wirt in seinem Hochgefühl ihm eine Dame vorgab. Erst als dem siegreichen Stümper der Erfolg zu Kopfe stieg und er sich über die Stümperei seines Partners beschwerte, rückte dieser mit etwas Häßlichem heraus, nämlich mit einer Theorie.

Die Theorie: Wer ohne Dame spiele, habe es leichter, weil er auf sie nicht aufzupassen brauche. Zum Beweis – beweisen läßt sich alles – gab nun Anderssen seine Dame vor und gewann eine Partie nach der anderen. Die Zugfolgen sind nicht überliefert, wohl aber das Gefecht gegen einen gewissen Hillel, in das Anderssen ohne den Schimmel auf b1 zog. Nach fünfzehn Zügen (siehe Diagramm) zauberte Weiß eine (welche?) Kombination aufs Brett, bei der dem Nachspielenden das Wasser im Mund zusammenlaufen muß. Ironischerweise litt Hillel unter seiner Springermehrheit. Hätte auch der Rappe auf g8 gefehlt, wäre Schwarz nicht im 19. Zug mattgesetzt worden.

55. Wert des Phlegmas

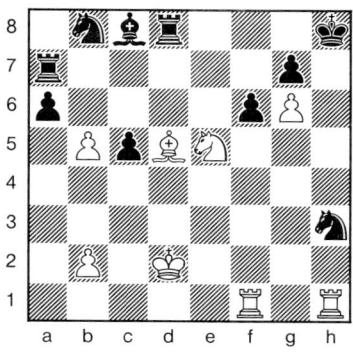

Weiß am Zug

Der Phlegmatiker weiß, daß es die Fehler sind, die eine Partie entscheiden. Er ist aber höflich und will dem Gegner nicht vorgreifen.

Der Sanguiniker zöge (siehe Diagramm) himmelhoch jauchzend 1. Sf7+ Tf7: 2. gf7: und wäre nach 2. ... Td.5:+ 3. Ke3 Td8 4. Th3:+ Lh3: 5. Th1 g5 6. Th3:+ Kg7 zu Tode betrübt. Der Melancholiker würfe mit 1. Kc3 die Flinte ins Korn. Der Choleriker zöge 1. Th3:+ Lh3: 2. Th1 Td5:+ 3. Ke3 und käme hierauf wieder zu Sinnen. Was aber tut der Phlegmatiker?

Der Sanguiniker freut sich oder ist traurig darüber, daß er nur mit Wasser kocht. Heiteren Gemüts hält er sich für ein bißchen dumm, den Gegner jedoch für noch ein bißchen dümmer. Sobald er seinen Irrtum erkennt, gibt er die Partie auf.

Der Melancholiker ahnt die auf allen 64 Feldern lauernden Gefahren. Willig fügt er sich ins Unvermeidliche. Er tut das aber drei Züge zu früh und erntet dafür eine Kritik, die ihn noch melancholischer stimmt.

Der Choleriker zieht stundenlang nach Lehrbuch oder reiflicher Überlegung. Das strengt ihn so an, daß er sich plötzlich in ein paar Gewaltzügen Luft macht. Wenn es zu spät ist, würde er gern wieder der Schulweisheit folgen.

56. Schattenseiten des Erfolgs

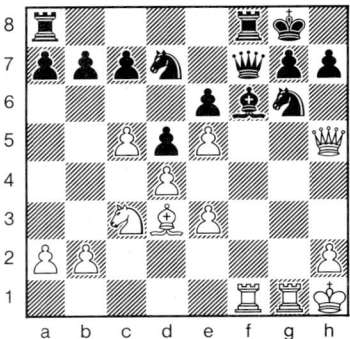

Weiß am Zug

Persönlichkeiten, die es geschafft, die sich durchgesetzt, die es zu etwas gebracht haben, verursachen namenloses Herzeleid. Bei ihrem Anblick grämen sich alle, die es bei gleichem Ziel zu weniger gebracht haben. Eine Schauspielerin etwa kommt, trotz körperlicher Eignung, nie dazu, die ehrbare Dirne zu verkörpern. Daß nur die Darstellung einer Dirne, nicht aber die der Ehrbarkeit altersgebunden ist, vermag sie um so weniger zu trösten, als die Konkurrenz ihr die begehrte Rolle in aller Öffentlichkeit wegschnappt, und das ohne Skrupel gegenüber einer schmachtenden Kollegin. Dabei müßte sich bei jedem, der eine Aufgabe bewältigt, das Gewissen regen, da hundert andere daran gehindert wurden, dieselbe Aufgabe ihrerseits zu bewältigen. Die Bitternis auf der einen, die Gefühlskälte auf der anderen Seite gehören zu jedem besseren Berufsbild. Auch jenen Erfolgsmenschen, die eine appetitliche Dame zum Standesamt führen, fällt es so gut wie nie ein, sich bei ihren Nebenbuhlern zu entschuldigen.

Die Karriere eines Schachspielers verläuft nach Kriterien, deren Strenge sich mancher Star, der eine oder andere Chef und fast jeder Bräutigam verbitten würden. In den Turniersälen zeigt es sich allerdings, daß die Liebenswürdigkeit mit der Preiswürdigkeit nicht immer Schritt hält. Wenn der Kiebitz träumt, entstehen Großmeister, die nicht nur gut, sondern auch noch gütig sind. In Wirklichkeit spielen arrivierte Schachspieler viel zuviel Schach, als daß sie die Muße hätten, weitere positive Erbanlagen zu entwickeln und ihre Umgangsformen zu verfeinern. Überhaupt haben es große Männer an sich, bei näherer Bekanntschaft zu enttäuschen. Andere Männer tun das seltener, weil niemand so unmenschlich ist, von ihnen etwas Besonderes zu erwarten. Unter diesem Gesichtspunkt will die folgende Partie genossen sein.

Weiß: Kokkila, Schwarz: Biehler – Aljechin-Verteidigung – 1. e4 Sf6 2. e5 Sd5 3. d4 d6 4. Sf3 Lg4 5. Le2 e6 6. 0-0 Le7 7. c4 Sb6 8. Sc3 0-0 9. Le3 d5 10. c5 Lf3: 11. gf3: Sc8 12. Kh1 f5 13. Tg1 f4 14. Ld3 fe3: 15. fe3: De8 16. f4 Df7 17. Dg4 Ld8 18. f5 Se7 19. f6 Sg6 20. Dh5 Lf6: 21. Taf1 Sd7 (siehe Diagramm) 22. Tg6: Tfd8 23. Dh7:+ (Schwarz gab auf).

Namhaft sind weder der Finne noch der Deutsche, namhaft sind nur ihre Kniffe. Zu diesen gehören die teilweise Öffnung einer strategisch wichtigen Linie (alter, doch zeitloser Hut), das Figurenopfer (kalter, doch belebender Kaffee) sowie der Sturm des f-Bauern (eine Sache mit Bart, aber einem schönen). Es folgen ein Rückopfer, das verschmäht wird, und zwei Scheinopfer schwerer Figuren – die Herrschaften, zu denen der kleine Moritz aufblickt, die aber zur Jahreswende 86/87 woanders waren als beim holländischen Gasunie-Turnier, bieten meistens auch nicht mehr.

57. Schädlichkeit des Vergleichs

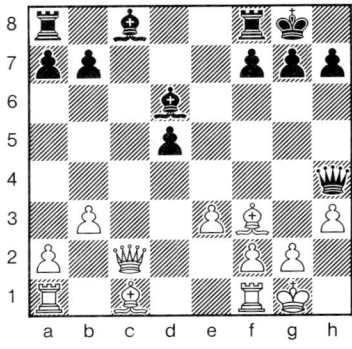

Schwarz am Zug

Zahllose Augenblicke des Verdrusses und vielfältig abgestufte Gefühle der Bitterkeit verdankt das Individuum der Angewohnheit, sich mit anderen Individuen zu vergleichen. Immer ist einer da, dem es noch besser geht, oft einer, der intelligenter ist, manchmal sogar jemand, den die Leute einfach für netter halten.

Auf der Menschheit lastet der Fluch des Komparativs. Ärgerlicherweise lädt gerade das Ideal der bürgerlichen Gleichheit zu Vergleichen mit seinesgleichen ein. Wer aber stur vor seiner eigenen Tür kehrt und nicht darauf achtet, wie sauber der Eingang beim Nachbarn ist, genießt abwechselnd Schlaf und Seelenfrieden. Unterläßt es die Eintagsfliege, sich mit dem Elefanten zu vergleichen, kann sie sich durchaus einbilden, ein langes Leben zu haben.

Wahre Schachgrößen wiederum tun dem Durchschnittsdenker nichts zuleide. Er, der sich grämt, wenn er einem Vereinskameraden von ebenbürtiger Spielschwäche unterliegt, verfolgt ohne Neid und Minderwertigkeitskomplexe die Gedankensprünge der Elite und würde es sich zur Ehre anrechnen, auf einer Simultanveranstaltung von einem Titelträger zermalmt zu werden. Großmeister allerdings

nehmen unentwegt Maß an Groß-
meistern. Daher die häufige Ver-
drossenheit in ihren Gesichtern, die
mit gelegentlicher Nachdenklich-
keit nicht verwechselt werden darf.
Zwar betrachten die Spitzenkräfte
99,9 Prozent der Dilettanten als gei-
stig nicht satisfaktionsfähig, doch
muntert sie das nicht auf, weil solcher Balsam zu billig ist. Besonders
Pech haben Lajos Portisch und
Zoltan Ribli. Beide sind Ungarn.
Beide sind Weltklasse. Beide haben
in einem diabolischen, weil verglei-
chenden Wertungssystem ungefähr
die gleiche Punktzahl. So war es ein
Ereignis, als im Kandidatenturnier,
Montpellier 1985, Ribli den vier-
zehn Jahre älteren Portisch schlug,
und das in einer Kurzpartie mit
Schwarz. Leute, mit denen Portisch
sich nicht vergleicht, hätten vielleicht noch weitergespielt.

Weiß: Portisch, Schwarz: Ribli –
Slawisch – 1. d4 Sf6 2. c4 e6 3. Sf3 d5
4. Sc3 c6 5. e3 Sbd7 6. Dc2 Ld6 7. b3
0-0 8. Le2 e5 9. cd5: Sd5: 10. Sd5:
cd5: 11. de5: Se5: 12. 0-0 Sf3:+ 13.
Lf3: Dh4 14. h3 (siehe Diagramm)
Lh3: 15. Td1 Lh2+ 16. Kf1 Df6 17.
Ld5: Lf5 18. e4 Lg4 19. Le3 Da6+
(Weiß gab auf).

Ein Unterschied zu Portisch:
Ribli spielt seit neuestem am ersten
Brett der deutschen Meistermann-
schaft »Bayern München«. Er ist in
zweiter Ehe mit einer sehr guten un-
garischen Spielerin verheiratet – bei
Gefahr ständigen Vergleichs.

58. Probleme der Einfachheit

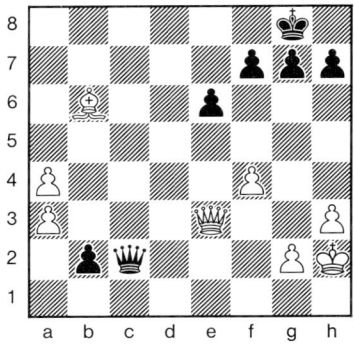

Weiß am Zug

»Der macht es sich zu einfach.« Vernichtendes Urteil in unserem Kulturkreis. Simplificateurs gelten als terrible wie kaum ein Scheckbetrüger oder Messerstecher. Nicht einmal einfach so daherzureden ist schicklich. Macht es sich hingegen einer zu schwer, was offenkundig dümmer und obendrein noch masochistisch ist, wird ihm sanfter Tadel zuteil, fast eine herbe Streicheleinheit.

»Wenn das so einfach wäre!« Hochnäsige Stellungnahme von Menschen, die erleichtert feststellen, daß nicht nur sie, sondern auch andere es schwerhaben. Wenn es nämlich so einfach wäre, gäbe es unzählige Millionäre, lauter glückliche Ehepaare und noch mehr sowjetische Großmeister, als ohnehin schon vorhanden sind. Die herrschende Meinung, Schach sei ein besonders mühseliger Zeitvertreib, erzeugt bei uns im Westen eine Hochachtung, die weder dem Pulloverstricken noch dem Liebesromanlesen zuteil wird.

»Das ist doch ganz einfach.« Selten eine aufmunternde, meistens eine herablassende Bemerkung. Ihr Unterton verweist stets auf den Ausnahmecharakter des geringen Schwierigkeitsgrades. Wahrscheinlich scherzte Großmeister Smyslow, als er behauptete, Schach spielen

– er meinte: gut Schach spielen – sei ganz einfach, denn es genüge, jeden Stein ausreichend zu decken. Im Vereinigten Königreich existiert das Fachbuch »Simple Chess«. Man muß die spitzen Finger gesehen haben, mit denen die Kenner und Könner es anfassen.

»So einfach ist es nun auch wieder nicht.« Ein Wort, das aus dem Herzen kommt. Die Lebenskünstler und Luftikusse werden demnächst auf die Nase fallen. Dann ist die Welt wieder in Ordnung. Selbstverständlich mußte es Großmeister Smyslow versagt bleiben, mit seiner Behauptung schulbildend zu wirken.

Weiß: Murey, Schwarz: Zapata – Sizilianisch – 1. e4 c5 2. Sf3 e6 3. d4 cd4: 4. Sd4: Sc6 5. Sb5 d6 6. c4 Sf6 7. S1 c3 a6 8. Sd4 Ld7 9. Le2 Le7 10. 0-0 0-0 11. Le3 Db8 12. f4 Tc8 13. Tc1 b5 14. cb5: Sd4: 15. Ld4: ab5: 16. e5 Se8 17. Db3 b4 18. Se4 Lc6 19. Sd6: Sd6: 20. ed6: Ld6: 21. Dg3 Lf8 22. Lc4 Lb5 23. Db3 Db7 24. Lb5: Db5: 25. Tc8: Tc8: 26. a4 Df5 27. De3 Tc2 28. h3 Dd5 29. Tf2 b3 30. Lb6 La3 31. ba3: b2 32. Tc2: Dd1+ 33. Kh2 Dc2: (siehe Diagramm) 34. De5 (Hintergedanken: Db8+ und Ld4) f6 35. De6:+ Kf8 36. La5 b1D 37. Lb4+ Db4: 38. ab4: Da4: 39. Dd6+ Kf7 40. Db8 f5 41. b5 h5 42. b6 h4 43. Da7+ (Schwarz gab auf).

Das sei doch ganz einfach, meinte 1986 im Amsterdamer OHRA-Turnier der Kolumbianer Zapata, opferte einen Läufer, schob einen Bauern auf die 2. Reihe und verwandelte ihn. So einfach sei es nun auch wieder nicht, meinte der Israeli Murey, machte es sich noch einfacher und drohte mit Matt.

59. Herrschaft der Brüderlichkeit

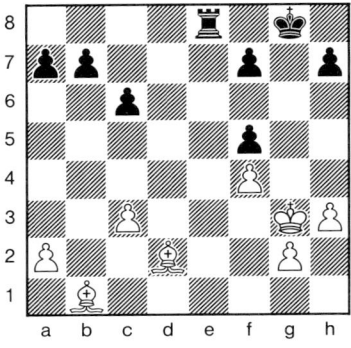

Schwarz am Zug

Freiheit. Da liegt noch manches im argen. Nach wie vor dürfen Damen nicht um die Ecke hüpfen, Springer nicht geradeaus gehen, Bauern nicht umkehren, Türme nicht auf der Diagonale und Läufer nicht auf der Linie verkehren.

Gleichheit. Wenn jemand dafür schwärmt, muß er Halma spielen. Erst drei Bauern sind einen Springer wert, erst zwei Türme eine Dame. Der König wird sogar für unersetzlich gehalten.

Brüderlichkeit. Sie hingegen herrscht in einem Ausmaß, von dem Parteien, Familien und Sportvereine nur träumen können. Jeder deckt jeden, wenn es sein muß. Könige helfen Bauern aus der Patsche. Damen verhelfen Läufern zum Durchbruch. Türme räumen Springern ihren Platz. Immer wieder opfert einer sich für alle, manchmal tun das sogar zwei für einen. Niemand rede von Solidarität, solange er nicht weiß, was Schach ist!

Menschlichen Verhaltensmustern folgt am ehesten das Läuferpaar. Wenn der Bruder in der Tinte sitzt, steht der Läufer daneben und schaut zu. Der eine macht seinen weißfeldrigen, der andere seinen schwarzfeldrigen Kram. Das war der Grund, weshalb beim Treffen zwischen Gudmundsson und Fischer der schwarze Turm der Held des Tages wurde, obwohl nach der Etikette zwei Läufer etwas mehr bedeuten als er. Siehe Diagramm. Schwarz zog (wie?), Weiß stutzte und gab auf (warum?). Hingegen hätten zwei solidarische Springer den Turm noch zur Raserei bringen können.

60. Scham der Tugend

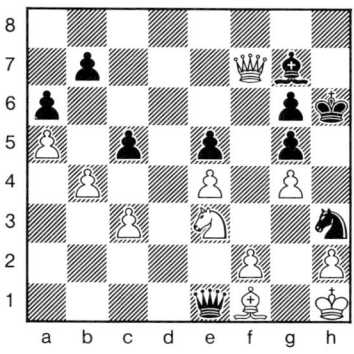

Weiß am Zug

Die durch allerlei Philosophie untermauerte Behauptung, es sei schwierig, den Menschen zu begreifen, zu ergründen und zu durchschauen, ist genau zur Hälfte richtig. Des Menschen Fehler, vom Laster bis zur Flüchtigkeit, werden meistens nicht nur prompt, sondern auch überdeutlich wahrgenommen. Bezahlte Kritiker wie Rezensenten und Vorgesetzte, aber auch unbezahlte wie Nachbarn und Ehegatten klagen nur selten über die Anstrengungen, die es sie koste, negative Seiten ausfindig zu machen. Mit den guten Eigenschaften freilich verhält es sich anders. Eine gewisse Scheu, sich preiszugeben, muß ihnen eigen sein, eine schöne Schamhaftigkeit angesichts der Weltöf-

fentlichkeit, weil es sonst kaum verständlich wäre, daß bei der Sichtung unserer Vorzüge die Mitmenschen sich anstellen wie beim Ostereiersuchen.

Der Sekundant bemerkt ohne weiteres die menschlichen Schwächen dessen, dem er beigeordnet wurde – einer der Gründe, weshalb es in der Schachwelt überhaupt Sekundanten gibt. Großmeister, die tagsüber alles wüßten und alles könnten und während der übrigen Zeit durchschliefen, benötigten keinen Sekundanten. Einst diente Gutman dem über viele, nicht über jeden Zweifel erhabenen Kortschnoj und müßte dabei die Gelegenheit genutzt haben, sämtliche verwundbaren Stellen seines Schutzbefohlenen gründlich zu studieren. Trotzdem obsiegte im holländischen Hochofenturnier 1987 (siehe Diagramm) Kortschnoj – er hatte Weiß – mit zwei (welchen?) majestätischen Zügen über Gutman. Der Grund liegt darin, daß auch der Ratgeber dem geschulten Ratnehmer seine Blößen verrät, wenn er plappert, Luft holt, stottert oder aus Verlegenheit schweigt.

61. Nutzen des Hochmuts

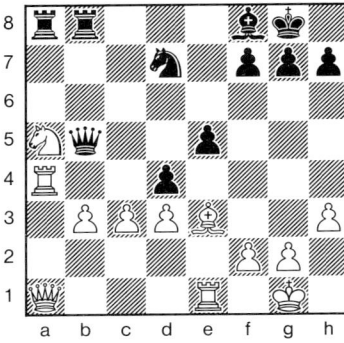

Weiß am Zug

An der Welt zu leiden und an der Menschheit zu verzweifeln ist nicht gesundheitsschädlich. Der Teint bleibt frisch, der Puls gleichmäßig, der Appetit ungebrochen. Wer Pessimist ist und des Schreibens kundig, läßt nicht die Feder mutlos sinken, wirft nicht die elektrische Schreibmaschine zum Fenster hinaus, sondern malt mit Schwung und Nervenstärke grau in grau. Kein Weltmeisterschaftskandidat bittet um Aufschub einer Partie, weil ihm das Schicksal der Völker an die Nieren geht. Wohl aber werden Wettkampfpausen eingelegt, sobald in der Brust eines Teilnehmers der Schmerz über eine eigene Niederlage tobt. Zur Rechtfertigung des Time-out, der Auszeit, wie die scheußliche Übersetzung lautet, mußten früher eine Magenverstimmung oder ein Schüttelfrost geheuchelt werden. Heutzutage ist Gram ein ausreichender Grund, ohne daß es eines nervenärztlichen Attests bedürfte.

Zu verlieren bereitet Kummer, der Kummer bricht des Geistes Spitze und schafft somit eine Voraussetzung für die nächste Schlappe, die ihrerseits den Kummer weiter vertieft. Das ist der Teufelskreis, den die geschlagene Kreatur zu durchbrechen hat. Niemand sollte den Kopf höher tragen als ein soeben gefeuerter Angestellter, weil bei der Suche nach dem nächsten Job Hochmut nützlicher ist als Schwermut. Anatoli Karpow mußte zeigen, daß er nur die Weltmeisterschaft, nicht seine Unerschütterlichkeit eingebüßt hat. Statt dessen ist er in den Kreis der grundsätzlich Besiegbaren getreten.

Weiß: Ljubojevic, Schwarz: Karpow – Spanisch – 1. e4 e5 2. Sf3 Sc6 3. Lb5 a6 4. La4 Sf6 5. 0-0 Le7 6. Te1 b5 7. Lb3 d6 8. c3 0-0 9. a4 Lg4 10. h3 Lf3: 11. Df3: Sa5 12. La2 ba4: 13. Dd1 Dd7 14. d3 Tfb8 15. Sbd2 Db5 16. Lc4 Sc4: 17. Sc4: Sd7 18. Ta4: a5 19. Le3 c6 20. Da1 d5 21. ed5: cd5: 22. Sa5: Lf8 23. b3 d4 (siehe Diagramm) 24. Sc4 Ta4: 25. ba4: Db3 26. cd4: ed4: 27. Ld4: Dd3: 28. Se5 Se5: 29. Le5: Tc8 30. Dd1 Da6 31. Lb2 h6 32. Te4 Db7 33. Dd4 Tb8 34. Lc3 Dc7 35. g3 Tb3 36. Te3 Dc6 37. Ld2 Tb1+ 38. Te1 Tb3 39. Tc1 De6 40. Dc4 Db6 41. Kg2 Tb2 42. Dd5 Dd6 43. Dd6: Ld6: 44. Tc8+ Kh7 45. Le3 Ta2 46. Ta8 Lb4 47. g4 Ta3 48. h4 Le7 49. a5 (Schwarz gab auf).

Solche zahmen und zähen Partien hat früher, wenn überhaupt einer, dann Karpow gewonnen. Aus dem Hauch eines Vorteils ein Vorteilchen, aus diesem eine kleine Chance und aus dieser eine große zu machen, war von Anbeginn sein Arbeitsstil. Diesen übernahm 1986 auf der Schacholympiade in Dubai ein jugoslawischer Hitzkopf, der sein Naturell einwandfrei verleugnete und Karpow à la Karpow schlug. Zuvor hatte er allerdings die abgedroschene Eröffnung, den geschlossenen Spanier, sehr originell gedroschen.

62. Belanglosigkeit des Innenlebens

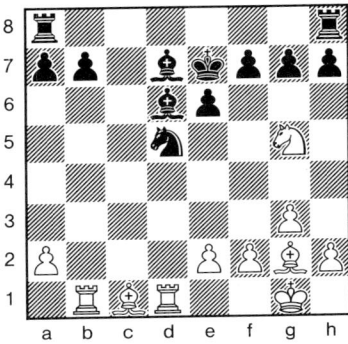

Weiß am Zug

Rauhe Schale, weicher Kern, das ist der Lümmel mit Innenleben. Versehen mit einer Stereoanlage und stimmgewaltigen Partygästen, raubt er einer ganzen Siedlung die Nachtruhe, doch sagen alle, die es gut mit ihm meinen, er könne keiner Fliege etwas zuleide tun. Saßen Sie ihm eine Stunde gegenüber, ist seine Schuhsohle sauber und Ihr Hosenbein schmutzig, doch wenn er über Menschen redet, vermißt er Sensibilität an ihnen. Im Gedränge eifert er den Schneepflügen und Eisbrechern nach, doch wundervoll sind seine Ansichten über die Bedeutung der Zärtlichkeit.

Einen anderen Beitrag zur Geselligkeit leisten die großen Schweiger. Sie halten den Mund, damit jeder erkenne, daß sie sich selbst genug sind. Nur hin und wieder machen sie anstandshalber eine Konzession. Dann sind ihre Witze dünn, zum Zeichen dafür, daß ihr Fachwissen erdrückend ist. Bei gelegentlichen Äußerungen vermeiden sie jede Pointe, denn Pointen gehören ihrer Auffassung nach in ihren großen Bücherschrank.

Mit manchen Schachpartien verhält es sich ähnlich. Auf sie trifft das leidenschaftslose Wort »Zugfolge« zu, denn sie beginnen ordnungsgemäß, verlaufen krisenfrei und enden nicht, sondern hören einfach irgendwo auf. Von solcher Güte war am 22. April 1984 das Tagewerk Viktor Kortschnojs und Anthony Miles'. Zum Glück waren einige Beobachter gleich Rilke von dem Verdacht beseelt, daß »Armut... ein großer Glanz aus Innen« sei. Prompt veredelte das Turnierbulletin eine Zugfolge, die flott ist wie ein Rennwagen im Stau.

Weiß: Kortschnoj, Schwarz: Miles – Katalanisch – 1. d4 Sf6 2. c4 e6 3. g3 d5 4. Lg2 Sbd7 5. Sf3 dc4: 6. 0-0 c5 7. Sa3 Sb6 8. Sc4: Sc4: 9. Da4+ Ld7 10. Dc4: Db6 11. dc5: Lc5: 12. b4 Db4: 13. Db4: Lb4: 14. Tb1 Ld6 15. Td1 Ke7 16. Sg5 Sd5 (siehe Diagramm) 17. Se4 Lb4 18. a3 La5 (remis).

Guido den Broeder, Verfasser des Bulletins, spielte seinen Lesern noch zwei andere Partien vor, die sich aus der Diagrammstellung hätten ergeben können.

17. Sf7: Kf7: 18. Tb7: Ke7 19. e4 Sf6 20. e5 Le5: 21. La3+ Kf7 22. Tbd7:+ Sd7: 23. Td7:+ Kg6 24. Le4+ Kh5 25. La8: Ta8: 26. Te7 mit Gewinnstellung für Weiß oder, falls Schwarz eine solche nicht behagen sollte: 18. ... Ke8 19. e4 La4 (schöner ist der Fehler 19. ... Lc6 wegen 20. Tg7: Le5 21. ed5: La4 22. Tg5) 20. Td3 Tc8 21. Lb2 Lc2 22. Td2 Lb4 23. Tc2: Tc2: 24. Lg7: Se3 25. fe3: Tg8, was alles nicht aufs Brett kam, wie der Bulletinschreiber mit selbstgefälligem Kummer bemerkte.

63. Genuß des Schweigens

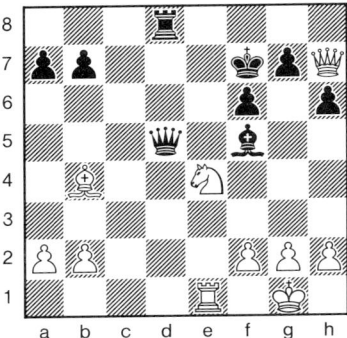

Weiß am Zug

Wer es besser weiß, hält am allerbesten den Mund. Sonst ist Undank des Besserwissers Lohn. Kaum jemand erweist sich durch Worte wie diese erkenntlich: »Sehr liebenswürdig von Ihnen, daß Sie sich die Zeit genommen haben, mich von einem Irrtum zu befreien.« Das Schweigen zeugt nicht nur von gesellschaftlicher Gewandtheit, sondern auch von Genußfähigkeit. Denn die Irrenden erfreuen ihren wohlwollenden Beobachter durch Eigenschaften, von denen er beinahe gedacht hätte, sie seien der Welt abhanden gekommen: Treue zum Standpunkt etwa oder Hingabe an die praktischen Konsequenzen. Am innigsten ist die Lust des Betrachters, wenn die Irrtümer seine Person betreffen. Er hat dann das Vergnügen, zweifach zu leben, so in der Wirklichkeit und ganz anders in der Vorstellung seines Gesprächspartners.

Laszlo Szabo ist ein alt gewordener Großmeister, der vielen Schachfreunden kein Begriff mehr war, als er unlängst in Bad Wörishofen an einem offenen Turnier teilnahm. Eines Tages gewann er eine Partie. Der reichlich jüngere Verlierer beklagte sein Pech und nannte tausend Varianten, die das Blatt unfehlbar gewendet hätten. Szabo hörte widerspruchslos zu und sagte schließlich demütig: »Ich habe in der Tat viel Glück gehabt, gegen Sie zu gewinnen.« Weise gesprochen, denn der Narr dürstete nach Bestätigung, nicht nach Richtigstellung. Szabos Gegner haben sich schon des öfteren getäuscht. Einer von ihnen hieß Mühring und dachte 1946, er habe (siehe Diagramm) mit 25. ... Lf5 die weiße Dame eingesperrt. Stumm, mit zwei (welchen?) Handbewegungen falsifizierte der Ungar diese Meinung und bekam einen Schönheitspreis.

64. Mängel der Belletristik

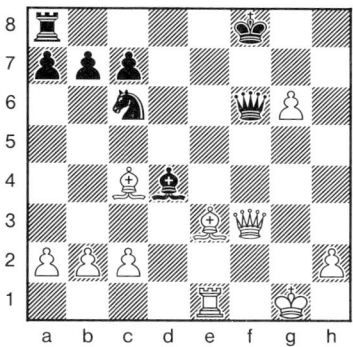

Weiß am Zug

Leidliche Liebhaber – schlechte Schachspieler. Die meisten Schriftsteller neigen nämlich dazu, sich etwas auszudenken, wovon sie ein Minimum an Ahnung haben. Deshalb ist schon zigtausendmal beschrieben worden, was passiert, wenn zwei nicht gerade völlig reizlose Individuen unterschiedlichen Geschlechts aufeinandertreffen. Deshalb aber auch scheuen selbst die schlüpfrigsten Federn davor zurück, die Rendezvous jener erhabenen Geister zu schildern, die den Partner überwältigen, ohne ihn für sich einzunehmen.

Wohl hat sich Stefan Zweig in seiner »Schachnovelle« der Angriffsleidenschaft und Mattlust ausnahmsweise angenommen. Wo aber blieben bei ihm die Notationen, die Diagramme? Leider muß da der Nachspielende mit Frieder Schwenkel vorliebnehmen, dessen Held Motorrad fährt, stilistisch durchschnittlich verunglückt und sich dabei ein Loch im Kopf zuzieht, groß genug für ein Implantat, das seinen unvorbereiteten Träger zum Spitzenschach befähigt. Nach dem Vorbild gewiefter Autoren verweilt der Ich-Erzähler nicht bei den sich wiederholenden Siegen, sondern bei seiner Katastrophe. Siehe Diagramm. Weiß, das Ich mit dem talentierten Fremdkörper im Hirn, zieht (wie?) vernünftig, worauf Schwarz vom Besten nimmt und gerade deshalb in einem einzigen Zuge, den der Schwenkel dankenswerterweise nicht verheimlicht, matt gesetzt werden könnte. Dazu kommt es aber nicht. Aufgrund eines geheimnisvollen, nur angedeuteten, episch also vernachlässigten Komplotts versagt im Kopf die Technik. Nunmehr ist der Held nur noch »ein hilfloser Schach-Idiot« – ein Ausdruck, der verrät, wie der Verfasser von »Ein Leben für das Schachspiel« die Nichtspieler einschätzt.

65. Segen des Lustspiels

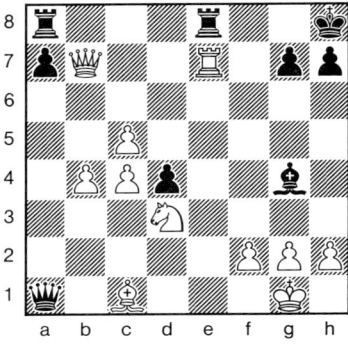

Schwarz am Zug

Lustspiele werden für Menschen geschrieben, die es schwer im Leben haben. Wer von morgens an Trübsal erfährt, hat am Spätnachmittag genug von der Trübsal und schaudert zurück, wenn im Abendprogramm erneut Trübsal geblasen wird. Er ist gefeit gegen die Anziehungskraft tragischer Stoffe, der unbeschwerte, in geordneten Verhältnissen lebende Zuschauer reihenweise erliegen. Er befürchtet, das Elend der Welt könnte durch Schilderung vergrößert werden.

Auch sind nun einmal die Nerven da. Zieht sie um 10 Uhr dieser, um 11 Uhr jener in Mitleidenschaft, so bedürfen sie der Schonung – vergleiche den ersten Absatz. Darüber hinaus aber gibt es Nerven, um die sich einfach niemand kümmert. Kein Freund reizt sie, kein Kollege belastet sie, kein Ereignis der Zeitgeschichte stellt sie auf die Probe. Daher der Wunsch, sie möchten wenigstens gekitzelt werden. Manche Tatmenschen verstehen das nicht: sie kitzeln, indem sie rüstig avancieren, ihre Nerven selber, ohne es immer zu merken. Somit brauchen sie die folgende Partie vom 1. Februar 1987 aus Wijk aan Zee nicht nachzuspielen. Denn eine Perle ist sie nicht, berührt jedoch mit ihren Kuriositäten – so hat Weiß manchmal einen Turm weniger – die Nerven aufs angenehmste.